PRESENTED TO

_____

BY

_____

내 마음속의 **희망**

FROM MY HEART

인생의 10가지 교훈
Ten Lessons For Life

리치 디보스
암웨이 공동창업자

Rich
DeVos

HOPE FROM MY HEART
by Rich Devos

Copyright ⓒ 2000 by Rich Devos
Korean edition published by arrangement with AMG and shin Won Agency Co.
Translation copyright ⓒ 2001 by Beautiful Society Publishers

내 마음속의 희망

초판 1쇄 / 2001년 1월 13일
3판 3쇄 / 2024년 4월 15일
지 은 이 / 리치 디보스
펴 낸 이 / 배동선
마케팅부 / 최진균
펴 낸 곳 / 아름다운사회
출판등록 / 2008년 1월 15일
등록번호 / 제2008-1738호
주소 / 서울시 강동구 양재대로 89길 54 202호(성내동) (우: 05403)
대표전화 / (02)479-0023
팩스 / (02)479-0537
E-mail / assabooks@naver.com

값 9,500원
잘못된 책은 교환해 드립니다.

ISBN : 978-89-5793-203-2   03320

✤

나에게 희망과 사랑을 주고 내 삶이 내리막길에 있을 때,
나를 도와준 모든 분들에게 이 책을 바칩니다.
그 분들은 모두 내 곁에 있어 주었고
나를 위해 기도해 주었습니다.

나의 아내 헬렌
우리 아이들과 그 배우자들
나의 손자들
그리고
날 위해 기도해준 모든 분들에게
이 책을 바칩니다.

◆ 추천의 글 ◆

"「인생의 10가지 교훈」은 특별한 사람에 의해 쓰여진 특별한 책이다. 그는 이 책을 마무리하면서 삶에 대한 자신의 의지를 우리에게 보여주었다. 또한 그는 우리 모두를 위해 살아왔고 지금도 역시 그렇게 살고 있다."
— **윌리엄 F. 버클리 2세,** 베스트셀러 「신과 예일의 인간 God and Man at Yale」, 「여왕 구하기 Saving the Queen」, 「스테인드글래스 Stained Glass」, 「오버드라이브 Overdrive」의 저자

"이 책은 희망과 믿음으로 가득차 있는 한 남자의 놀라운 일생을 잘 보여주고 있다. 정말 마음에 드는 책이다."
— **제리 콜란젤로,** 미국 프로농구 NBA 피닉스 선즈팀 구단주

"리치 디보스는 내가 아는 현자 중의 한 사람이다. 그는 이 책에 자신의 지혜를 가득 담아 놓았는데, 진심으로 많은 사람들에게 추천하고 싶다. 이 책을 통해 삶에 대한 위대한 교훈을 마음껏 흡수하길 빈다."
— **찰스 W. 콜슨,** 프리즌 펠로우십 목사회

"권력과 명예 그리고 부를 향한 목적의식은 그를 지탱하게 했고 또한 힘을 주었다. 나는 여러 나라의 세계적인 지도자 550명에게 이 책을 보내줄 계획이다."
- **존 에드먼드 하가이,** '하가이 연구소'의 창립자 & 회장

"미국인들이 영감과 용기를 얻고 미국인답게 살기 위해 꼭 필요한 책이다."
— **폴 하비,** '폴 하비 뉴스'의 진행자

"이 책은 내가 그 동안 읽어본 그 어떤 책보다 가장 재미있고 고무적이다. 나는 이 책이 독자들 모두의 영혼을 감동시킬 것이라고 자신있게 말할 수 있다."
— **리차드 헤이먼,** '보스턴 팝스 오케스트라' 수석 편곡자

"이 책은 실패와 시련을 극복한 사람의 고무적이고 자전적인 증언서로 우리 모두에게 꼭 필요한 책이다."
— **마이클 노박, 미국 기업연구소,**「신에 대한 딸의 질문에 답하는 아버지 Tell Me Why:A Father Answers His Daughter's Questions about God」의 저자

"인생에서 가장 중요한 것이 무엇인지 알고 싶은 사람이라면 누구나 이 책을 읽어야 할 것이다. '존경심'이라는 내용 하나만으로도 이 책을 구입할 가치는 충분하다."
— H. 웨인 휘젠가, '휘젠가 홀딩스 사'

"뛰어난 사업가이자 특별한 한 남자가 자신의 끊임없는 투지를 보여주고 있는 책이다. 이 책은 진정한 보석이다."
— 톰 피터스, 「탁월함을 찾아서 In Search of Excellence」의 저자

"사람들에게 '삶에 대한 10가지 교훈'을 나눠주는 일에 있어 리치 디보스만한 자격을 갖춘 사람은 아마도 없을 것이다. 그는 어느 누구보다 힘든 시련을 이겨낸 사람이기 때문이다."
— D. 제임스 케네디 박사, '코랄 리지 장로교회' 목사

"다른 사람들을 위해 자신의 재능을 활용함으로써 정신적인 부를 누리고 싶어하는 많은 젊은이들에게 이 책이 힘을 주었으면 좋겠다. 리치 디보스가 나누어준 지혜를 받으면 여러분 모두의 인생은 영광스러운 축복을 받게 될 것이다."
— 존 템플턴 경, '템플턴 투자 펀드' 창립자

"리치 디보스는 성공하고 싶어하는 모든 사람들을 위해 고무적인 안내서를 만들어냈다."
— 데이빗 스턴, 미국 프로농구 협회 임원

"리치 디보스는 명실공히 미국 최고의 사업가 중의 한 사람이다. 그가 자신의 성공과정을 이 책을 통해 분명하게 보여주고 있다."
— 하비 맥케이, 베스트셀러 「산채로 잡아먹히지 않고 상어와 헤엄치기 Swim with the Sharks without Being Eaten Alive」, 「성공적인 사업가가 되는 법 Pushing the Envelope」의 저자

"리치 디보스는 결코 이론을 말하고자 하는 것이 아니다. 나의 친구이자 이상형인 그는 정직한 삶을 있는 그대로 표현하고 있을 뿐이다."
— 바비 리차드슨, 뉴욕 양키스팀 2루수, 1955-1966

"많은 사람들이 이 책을 읽고 리치 디보스의 용기와 신에 대한 확고한 믿음에 감명받기를 바란다."
— 하이럼 W. 스미스, '프랭클린 코비 사' 부사장

CONTENTS 차 례

감사의 글

✤

이 책을 쓰면서 나는 참으로 많은 사람들로부터 도움을 받았습니다. 그들 모두에게 진심 어린 감사의 뜻을 전하고 싶습니다. 특히 사랑하는 나의 아내 헬렌은 귀중한 도움을 주었으며 편집과정에서도 중요한 역할을 해주었습니다.

또한 이 책이 나오기까지 여러 분야에서 많은 도움을 주신 분들께 감사드리고 싶습니다. 나의 아이들 - 딕, 댄, 체리 그리고 더그, 폴 콘 박사, 켄 로스, 주디스 마크햄, 킴 브륜, 빌리 제올리, 빌 페인, 앨런 네빈스 그리고 토마스 넬슨 출판사 J. 컨트리맨 부서의 모든 분들께 감사드립니다.

끝으로 이 책을 쓰면서 내가 받았던 축복만큼 이 책이 독자들에게 많은 축복을 듬뿍 안겨주었으면 하는 바램입니다.

서 문

사 람이 70년 넘게 살다보면 경험과 통찰력, 노하우가 많이 쌓이게 됩니다. 그렇다고 70이 넘은 내가 그 동안 겪어왔던 모든 경험과 노하우에 대해 일일이 나열하고자 하는 것은 아닙니다. 단지, 그 동안의 경험과 통찰력을 바탕으로 한 실용적인 지혜만을 알려주고 싶을 뿐입니다. 나의 목표는 오직 내가 살아오면서 얻은 지혜가 좋든 나쁘든 여러분의 삶에 희망을 주었으면 하는 것입니다.

정치가인 패트릭 헨리는 언젠가 이렇게 말한

적이 있습니다.

"나의 길을 인도하는 등불은 단 하나뿐이다.
그것은 바로 '경험의 등불'이다. 나는 미래를 예
견할 수는 없지만, 과거를 판단하는 방법은 알고
있다."

나는 이 말의 진실성을 직접 체험했기 때문에
내가 겪은 경험의 등불을 환히 밝혀 여러분에게
도움을 주고 싶습니다. 내 마음에서 우러나온 희
망을 여러분과 함께 나누고 싶은 것입니다.

나는 실질적인 사람입니다.

나는 상식과 직감, 관찰력 그리고 부모님으로
부터 물려받은 가치관을 바탕으로 많은 일을 경
험했으며, 늘 행동을 통해 뭔가를 배우고자 노력
했기 때문에 실수도 많이 했습니다. 하지만 신의
축복으로 대부분의 경우 실수를 성공으로 이끌

수 있었습니다.

나는 치유가 불가능할 정도로 낙천주의자이며 때로는 지나치게 우직하여 결심한 일을 저돌적으로 파고들기도 합니다. 그리고 실패했다고 하여 포기하지도 않습니다. 왜냐하면 나는 결코 희망을 버리지 않아야 한다는 것을 오래 전에 배웠기 때문입니다. 그것이 다른 사람에게는 위험하고 비이성적이며 무모하게 보이는 것일지라도 희망은 내 인생에 반드시 필요한 존재이며 성공의 전제조건임을 나는 알고 있었습니다.

실제로 세상에서 가장 강한 힘 중의 하나는 '자신을 믿고 희망에 도전하며 목표를 원대하게 잡고 인생에서 원하는 일을 향해 믿음을 갖고 전진하는 사람의 의지'입니다.

기억하십시오.

성공의 척도가 '돈'이나 '지위'에 있는 것은 절

대로 아닙니다. 성공이란 '신이 우리에게 부여한 능력을 최대로 발휘하는 것'입니다. 왜냐하면 인간은 신의 위대한 창조물이기 때문입니다.

나는 사람들이 개인적인 생활과 경제적인 부분에서 동시에 성공할 수 있도록 긍정적인 가치관과 성격을 증진시키는 일에 내 인생의 대부분을 할애했습니다. 그리고 나는 '가치관이라고 하는 것은 입으로 백 마디를 하는 것보다 한 번일지라도 직접 보여주는 것이 훨씬 더 강한 힘을 발휘한다'는 사실을 믿습니다.

나는 사람들이 나에게 어떻게 성공했느냐고 물으면 이렇게 대답합니다.

"나는 매일 최선을 다해 열심히 일했으며 그리고 신을 믿었다."

또한 나는 나의 꿈과 사람들 그리고 무엇보다 신에 대한 희망을 한 번도 잃은 적이 없습니다.

경험은 최고의 스승입니다.

나는 지금까지 살아오면서 그 사실을 깊이 체험하였습니다. 특히 일흔 살의 나이에 심장이식 수술을 받을 때, 나는 그 말을 다시 한 번 실감했습니다. 물론 많은 사람들이 심장이식 수술이나 그 밖의 여러 가지 질병을 경험하지 않고 건강하게 살아가기도 합니다. 하지만 나는 심장이식 수술을 통해 나 자신의 믿음과 가치관을 시험할 수 있었습니다.

통계적으로 볼 때, 그렇듯 대수술을 받는 사람들은 소수에 지나지 않지만 여러분은 살아가면서 조만간 다른 종류의 위기에 직면하게 될 것입니다.

그런 일이 일어났을 때, 여러분은 그 일에 대해 준비되어 있어야 합니다. 즉, 신에 대한 흔들리지 않는 믿음을 갖고 있어야 하며 최악의 상황일지라도 그것을 이겨낼 수 있다는 자신에 대한

믿음이 있어야 하는 것입니다. 그리고 그 무엇보
다 여러분은 희망을 가져야 합니다.

영국의 작가인 올더스 헉슬리는 그의 글에 이
렇게 썼습니다.

"경험은 사람에게 일어나는 일이 아니라, 그
일에 어떻게 대처하느냐 하는 것이다."

우리의 삶은 계속 이어지고 쉼 없이 흘러가며
같은 곳에 머물지 않습니다. 하지만 우리는 믿음
과 가치관 그리고 개성이라는 영원한 반석 위에
인생을 확고하게 건설할 수 있습니다. 우리의 인
생을 받쳐주는 튼튼한 기초는 변화하는 삶에 대
처하는 방법을 알려주는 것입니다.

이제부터 나는 삶에 필요한 '10가지 교훈'을 여
러분과 함께 나눌 것입니다. 그 '10가지 교훈'에는
나의 삶을 유지시켜 주고 가치있게 만들어준 철

학, 믿음, 가치관, 성격이 모두 들어 있습니다.

내가 보여주는 '경험의 등불'이 독자 여러분이 살아가는데 필요한 '희망의 등불'이 되기를 빕니다.

리치 디보스

Lesson

1

HOPE
희망

멋진 삶을 사느냐
그렇지 못하느냐 하는 것은
어려운 시절을 얼마나
잘 이겨내느냐에 달려 있다.

- 리치 디보스 -

사이먼과 에틸 디보스 부부 사이에서 태어난 리치 디
보스는 비록 가난하기는 했지만 건실한 가치관을 배우
고 충만한 사랑을 받으며 성장했다.

첫 번째 교훈
희망

❧

고민없이 세상을 살아가는 사람은 없습니다. 나 역시 고민이 매우 많았습니다. 하지만 나는 항상 최선을 다해 문제에 도전하였고 한 번도 희망을 잃은 적이 없습니다. 왜냐하면 나는 언제나 용기있는 도전이 새로운 기회를 만든다는 사실을 믿었기 때문입니다.

그 새로운 기회라는 것은 늘 우리 주위에 머물고 있습니다. 새로운 것을 배우고 성장하며 그로 인해 힘을 얻거나 더 높은 목표에 도달할 수 있는 기회는 얼마든지 있는 것입니다. 그리고 나는 우리의 미래가 신의 손에 달려 있다는 것을 믿었습니다.

3년 전, 나는 외국의 어느 병원에서 심장이식 수술을 받기 위해 수술실로 가고 있었습니다. 워낙 고난도의 수술인데다가 나이도 많았기 때문에 내가 살아날 확률은 그다지 높지 않았습니다.

그렇게 수술대 위에 눕혀지기 전까지 나는 내 인생에서의 모든 도전을 스스로 결정했습니다. 어느 길로 가든 그것은 나의 선택에 달려 있었고 또한 그 책임 역시 전적으로 나의 몫이었습니다. 그런데 수술은 내가 통제할 수 있는 일이 아니었습니다.

사실, 내가 처음으로 몸의 이상을 느낀 것은 14년 전이었습니다. 물론 그 날도 다른 날과 마찬가지로 시작되었지만 오전 내내 가끔씩 균형감각을 잃은 것처럼 발걸음이 매우 불안정하게 느껴졌던 것입니다. 문을 나설 때 아주 낮은 문턱에 걸리기도 했고 똑바로 걸으려고 애써도 몸은 자꾸만 왼쪽으로 기울어졌습니다.

그 사실을 알게 된 아내 헬렌은 즉시 의사를 불러야 한다고 주장했지만, 언제나 낙천적이었던 나는 그 의견에 반대했습니다. 나는 잠시 쉬면 제대로 걸을 수 있을 것이라 믿었던 것입니다. 하지만 결국에는 헬렌의 고집에 지고 말았습니다.

헬렌과 나는 의사가 곧바로 약을 처방해 줄 것이라고 생각했지만, 나를 진찰한 의사는 당장이라도 입원을 하여 정밀검사를 받아야 한다고 말했습니다. 결국 검사를 받게 되었는데, 혈관수축으로 인해 일시적인 국소 빈혈 증상이 있다는 최종진단이 나왔습니다. 그리고 의사는 그 증상이 계속 진행되면 심장마비나 심장발작을 일으킬 수도 있다는 것을 설명해주고 생활방

> 나는 언제나 용기있는 도전이 새로운 기회를 만든다는 사실을 믿으며 살아왔다. 새로운 것을 배우고 성장하며 그로 인해 힘을 얻거나 더 높은 목표에 도달할 수 있는 그런 기회 말이다.

식을 바꾸라고 충고하였습니다.

나는 굳은 결심을 하고 나의 문제에 맞섰습니다. 곧바로 식습관을 바꿔 콜레스테롤 수치를 낮췄으며 매일 규칙적으로 운동을 했습니다. 동시에 많은 회의에 참석하고 사람들을 만나는 등 동업자인 제이 밴 앤델과 암웨이사를 경영하는데 필요한 끝도 없는 일을 다시 시작하였습니다.

그리고 3년 후에는 독립기념일 주말에 우리 아이들 -딕, 댄, 체리, 더그-와 함께 15미터 짜리 경기용 요트인 윈드퀘스트호를 타고 퀸스컵 경기에 나갔습니다. 그 경기는 밤을 새워 밀워키, 위스콘신에서부터 그랜드 헤이븐, 미시건까지 미시건 호를 건너는 시합인데, 그 행사에 참석하기 위해 우리는 저녁 무렵에 그랜드 헤이븐을 출발했습니다. 사실, 우리 가족은 강인한 체력과 정신력을 요구하는 요트 레이스의 격렬함을 무척 좋아했던 것입니다.

　　그런데 돛을 바꾸기 위해 큰 삼각 돛을 내리던 중, 갑자기 가슴의 통증을 느끼게 되었습니다. 하지만 가족들이 걱정할까 염려되어 내색하지 않고 조용히 선실 쪽으로 내려가 휴식을 취했습니다. 하지만 그 다음날이 되어도 통증이 가라앉지 않아 결국은 밀워키에서 나를 태워갈 비행기를 수배하여 그랜드 래피즈에 있는 집으로 돌아갔습니다.

　　병원의 진단을 받은 나는 심장의 관상동맥이 막혔다는 사실을 알게 되었습니다. 그리고 흉부외과의사인 루이 토마티스 박사는 혈관이식 수술을 해야 한다고 말했습니다. 하지만 나는 내가 심장수술을 받게 되리라고는 꿈에도 생각해 본 적이 없었습니다. 아마 국소 빈혈 증상이 나타났을 때, 의사가 했던 경고를 잊고 있었는지도 모릅니다. 아니면 식이요법과 규칙적인 운동이 모든 문제를 해결해 줄 것이라고 믿었는지도 모릅니다.

　　어찌되었든 나는 충격을 받았고 조금은 절망

감도 느꼈습니다. 그리고 예기치 못한 도전을 받
았을 때, 희망을 잃지 않는다는 것이 무척이나 힘
든 일이라는 것을 알게 되었습니다.

결국 수술이 시작되었고 그 과정에서 의사들
은 관상동맥 손상이 예상보다 훨씬 더 심각하다
는 것을 발견하게 되었습니다. 그리하여 나는 관
상동맥 혈관 이식을 무려 여섯 개나 시술해야만
했습니다.

온갖 우여곡절 끝에 나는 수술을 성공적으로
끝마쳤고 그 경험을 통해 삶에 대한 새로운 인식
과 희망에 대한 새로운 이유를 갖게 되었습니다.
사실, 수술 전에는 그토록 확고부동해 보이던 나
의 미래가 그다지 확실치 않게 느껴졌던 것입니
다. 그리고 시간의 흐름에 대해서도 더 많은 것을
느끼게 되었지요.

고통의 시간이 지나고 몸이 회복되는 동안 나
는 느긋하게 쉬는 법과 혼자서 여가를 즐기는 법

그리고 아내와 함께 설계했던 꿈을 성취하는 법을 배웠습니다.

하지만 불행하게도 병마와의 싸움은 거기서 그치지 않았습니다. 혈관이식 수술은 시작에 불과했던 것입니다. 1992년 여름, 나는 갑자기 심장마비를 일으키고 말았습니다. 불행 중 다행으로 심각한 상황은 아니었지만 암웨이사의 사장직을 계속 수행할 것인지에 대해 깊이 있게 고민을 해야만 했습니다.

나는 암웨이사를 무척이나 사랑했습니다. 그리고 동업자인 제이와 함께 내 삶의 많은 부분을 회사의 성장에 투자했습니다. 제이와 나는 온갖 역경을 이겨내고 우리의 노력이 열매를 맺어 회사가 성공적으로 성장하는 과정을 지켜보며 살아왔던 것입니다.

그래서 나는 나 자신에게 물어보지 않을 수 없었습니다. 큰 회사를 경영하는 스트레스 때문에 내 생명이 위험해진 것일까? 하지만 그것은 떠올리기도 싫고 확실히 대답하고 싶지도 않은 질문이었습니다.

그 후로 나는 그 어느 때보다 식이요법에 신경을 썼고 규칙적으로 운동을 했으며 더욱더 많은 여가를 즐겼습니다. 하지만 그러한 노력에도 불구하고 12월의 어느 날 새벽 4시에 다시 한 번 가슴의 격한 통증을 느끼며 잠에서 깨고 말았습니다. 또 다시 심장발작이 일어났던 것입니다.

결국 나는 구급차에 실려 응급실로 가게 되었고, 병원에 도착한 후 내 심장은 거의 박동을 멈

20대 초반의 리치 디보스는 미숙한 선원에 지나지 않았지만, 수년 동안의 경험을 거쳐 전문가가 되었고 수많은 경기에도 참가했다.

첫 번째 교훈 · 희망

추고 말았습니다. 응급실에서 간호사가 나의 맥박수를 재면서 맥박이 거의 없다고 말했던 기억이 아직도 생생합니다. 하지만 그 후의 일은 거의 기억나지 않습니다. 왜냐하면 기절해 버렸거든요.

훌륭한 의사들은 거의 맥박이 잡히지 않는 나를 살려내는 데 성공했지만, 내가 계속 생명을 유지할 수 있을 지에 대해서는 확답을 주지 못했습니다. 바로 그 때, 토마티스 박사와 릭 맥나마라 박사가 우리 가족에게 클리브랜드 클리닉에서 시행중인 실험적 치료법에 대해 말해주었습니다. 그리고 그들은 내가 동의한다면 클리브랜드 클리닉에 연락을 해보겠다고 했습니다.

얼마 지나지 않아 가족들이 연락 결과에 대해 묻자, 그들은 그 클리닉의 최고 외과의사가 나를 검진하는 데는 동의했지만 환자로 받아주는 문제에 대해서는 확답을 하지 않았다고 분명히 말해주었습니다. 어찌되었든 나에게 다시 한 번 희망

33

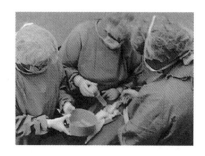

이 생긴 것입니다.

나는 그 당시의 상황이 잘 기억나지 않지만 나의 맏아들 딕은 내가 휠체어를 타고 처음으로 클리닉에 들어섰을 때, 코스그로브 박사의 태도가 약간 퉁명스러웠다고 합니다. 그리고 그 박사는 모든 검사를 마친 후 차트와 검사결과를 본 다음 그 이튿날 다시 검사를 해보기 전에는 결정을 내릴 수 없다고 말했습니다.

그러한 만남 이후, 코스그로브 박사는 나와 절친한 친구가 되었는데 나중에 실토하기를 사실은 내가 그 날밤을 넘길 수 있을 것이라고 생각지 않았다고 하더군요. 그런데 내가 그 날밤을 무사히 넘기자 수술하면 살 수 있을지도 모른다는 희

첫 번째 교훈 · 희망

망을 갖게 되었다고 합니다.

결국 코스그로브 박사는 수술의 위험성에 대해 우리 가족 모두에게 자세히 알려준 뒤에야 혈관이식 수술을 하겠다는 결정을 내렸습니다. 그 수술은 혈관이식을 세 차례나 해야 되는 대수술이었는데, 코스그로브 박사는 나의 심장근육이 심하게 손상되어 있었다고 했습니다. 그리고 주치의들은 나의 상태가 수술 전보다 훨씬 더 안정적이라고 확신했습니다. 그들의 표현을 빌자면 나의 상태가 신중하게 관찰을 요하는 상황이라고 하더군요.

대수술로 인해 몸이 많이 쇠약해지긴 했지만 나는 집에 돌아가 가족들과 함께 크리스마스를 축하할 수 있었습니다. 하지만 그 기쁨은 그리 오래 가지 않았습니다. 가슴이 균에 감염되었기 때문입니다.

그 후, 몇 주일 동안 의사들은 세 차례나 더

나의 가슴을 열고 늑골과 흉골 그리고 수술 부위
의 조직을 갉아먹고 있는 병균을 없애기 위해 열

> 커다란 수술을 앞두고 있거
> 나 생명이 위험한 상황에
> 직면하면 누구나 자기의 시
> 간이 다 되었다는 생각을
> 하게 된다. 바로 그 때 신에
> 대한 믿음을 갖게 되는 것
> 이다.

심히 싸웠습니다. 그
당시 나의 몰골은 비
참할 정도로 형편없
었습니다. 너무나 많
은 조직을 잃었기 때
문에 수술부위를 다
시 접합하기 위해 성
형외과의인 무어 박사가 나의 가슴부위의 살을
잘라 붙여야 할 정도였던 것입니다.

그리고 나는 한참이 지나고 나서야 어느 정도
기운을 차린 후에 내가 그 감염 때문에 거의 죽
을 뻔했다는 사실을 알게 되었습니다.

지금까지 나는 여러 번이나 죽음에 직면했었

습니다. 물론 그런 시간들이 정확하게 기억나는
것은 아니지만 죽음을 준비했었다는 것만은 또렷
하게 생각납니다.

커다란 수술을 앞두고 있거나 생명이 위험한
상황에 직면하면 사람은 누구나 자신의 시간이
다 되었다는 생각을 하게 됩니다. 그리고 바로 그
때, 신에 대한 믿음을 갖게 되지요. 영원의 세계
로 들어갈 준비가 되어 있든 되어 있지 않든 말
입니다.

하지만 나는 알고 있었습니다. 왜냐하면 나는
나의 생명을 신에게 맡기고 있었으니까요. 건강한
삶에 대한 희망이 흔들릴 때도 하나님을 믿으면
영생을 얻으리라는 희망에는 변함이 없었습니다.

인생은 누구에게나 정지되어 있지 않습니다.
인생은 크고 작은 변화로 가득한 것입니다. 그리
고 그 마지막 변화가 바로 죽음입니다. 사람은 누

구나 언젠가 죽음을 맞이하게 됩니다. 물론 누구
나 그것을 알고 있습니다. 그러나 항상 죽음을 준
비해 왔고 강한 믿음을 갖고 있는 사람일지라도
실제로 죽음을 가까이 맞기 전에는 그것이 무엇
인지 잘 모릅니다.

나의 경우는 상상했던 것보다 훨씬 더 힘들었
습니다. 수 차례에 걸쳐 대수술을 받고 겨우 살아
났으니까요.

그 어떤 폭풍우가 몰아쳐 온다 할지라도 나의
희망은 변치 않습니다. 사실 나는 항해를 매우 좋
아하는데, 바다에 나가면 바람 때문에 불안정한
상황을 겪는 일이 많습니다. 이것은 우리의 인생
도 마찬가지입니다.

하지만 불안정한 상황이나 변화들은 우리를
망치기도 하고 또한 강하게도 만듭니다. 그리고
우리가 멋진 삶을 사느냐 그렇지 못하느냐 하는

것은 좋은 시절이 아니라 어려운 시절을 얼마나
잘 이겨내느냐에 달려 있습니다.

　우리의 인생길을 비춰주고 또한 우리를 죽음
의 문턱으로 인도하는 것은 신에 대한 희망입니
다. 그렇기 때문에 나는 항상 신을 믿고 그리고
희망을 갖고 살아갑니다.

리치 디보스는 1983년에 관상동맥
혈관이식 수술을 받은 후 건강을 회
복했다. 하지만 그것은 그 후에도
계속된 중병과의 투쟁의 시작이었
다.

Lesson

2

PERSISTENCE

인내심

시도해 보기 전에는 결과를 알 수 없다.

– 리치 디보스 –

리치 디보스는 어렸을 때 인내심에
대해 중요한 교훈을 배웠다.

두 번째 교훈
인내심

✤

우 리 아이들이 어렸을 때, 헬렌과 나는 아이들에게 자주 책을 읽어주었습니다. 아이들과 내가 좋아했던 책 중의 하나는 「꼬마 증기기관차 이야기」였는데, 꼬마 증기기관차가 숨을 헐떡이며 "나는 할 수 있다. 나는 할 수 있어"라고 자신을 독려하며 높은 언덕까지 올랐다는 그 단순한 이야기는 두 세대를 거쳐 수많은 아이들을 감동시켰습니다.

물론 지금 출판되고

있는 책에 비해 단어와 삽화가 단순하게 보이기
도 하지만, 그 책은 아이들과 어른들에게 하나의
진실을 일깨워주고 있습니다. 그것은 '인내심이
있으면 성공한다'는 것입니다. 즉, '나는 할 수 있
다. 나는 할 수 있어'가 '나는 할 수 있었다. 나는
할 수 있었어'로 바뀐다는 사실을 알게 해주는 것
입니다.

인내심은 성공을 위해 가장 중요한 요소입니다.
인내심은 어떠한 장애물도 이겨내겠다는 단호
한 결심입니다. 비록 비틀거리고 넘어진다 할지라
도 계속 가겠다는 의지만 있으면 그 사람은 성공
할 것입니다. 만약 여러분이 100번을 넘어져도 벌
떡 일어나 "자, 101번째로 도전한다!"라고 말할 수
있다면 여러분은 성공할 것입니다. 즉, 꼬마 증기
기관차처럼 "나는 할 수 있다"라고 반복할 수 있
으면 여러분은 성공하는 것입니다.

하지만 조심해야 할 것이 있습니다. 그것은 인내심과 완고함은 다르다는 사실입니다. 인내심과 완고함을 혼동하지 마십시오. 그 두 가지는 전혀 다릅니다.

완고함은 우매하고 비생산적인 결과를 낳지만 인내심은 여러분을 앞으로 나아가게 만듭니다. 또한 완고함은 현실과의 연결고리를 끊어 놓아 잘못된 결과를 낳기도 하지만, 인내심은 삶과 직접 연결되어 있어 힘을 잃지 않도록 도와줍니다.

인내심에는 목적이 있습니다.

인내심은 결심으로부터 시작하여 목적지를 향해 쉬지 않고 흘러갑니다. 하지만 완고함은 무모하고 게다가 목적의식도 없습니다. 그렇기 때문에 완고함은 다른 사람들을 괴롭힙니다.

생각해 보십시오. 만약 여러분이 가능성을 완전히 무시하고 목표만을 고집한다면 여러분은 다

른 사람들에게 따돌림을 당할 것입니다. 그러나
적당히 고집을 부린다면 사람들이 모여들고 그러
면 계속 앞으로 나아갈 수 있을 것입니다. 그것은
여러분의 선택에 달려 있습니다.

나는 어렸을 때, 할아버지께 인내심에 대해 많
은 것을 배웠습니다. 할아버지는 이곳저곳을 돌아
다니며 물건을 파는 구식 행상인이었는데, 매일
낡은 트럭을 몰고 농부들에게 직접 야채를 구매
하여 소비자들에게 판매를 하셨습니다. 그러다가
간혹 날이 저물도록 팔지 못한 야채가 남으면 나
도 거들었죠.

그리고 내가 생전 처음으로 야채를 팔았을 때
도 할아버지는 내 곁에 계셨습니다. 그 야채는 할
아버지가 팔다 남은 양파였고 그것을 팔아 얻은
이익은 겨우 몇 페니뿐이었지만, 그 때 얻은 인내
심에 대한 교훈은 평생동안 나에게 커다란 영향
을 미쳤습니다.

그 날 이후로 할아버지가 팔다 남은 야채는 내가 팔았는데, 그 일은 인내심을 필요로 하기는 했지만 나는 그 일을 무척 좋아했습니다.

그리고 고등학교 초기에 나는 힘든 결정을 내린 후 그것을 지켜나가는 것이 얼마나 중요한 일인지를 배울 수 있었습니다. 내가 열 다섯이 되었을 때, 부모님은 나를 도시에 있는 작은 기독교계 고등학교에 보내셨습니다. 하지만 나는 사립학교 학비가 무척 비싸고 그것을 마련하기 위해 부모

조부모가 보여준 믿음과 인생관은 리치 디보스의 인생에 커다란 영향을 미쳤다.

> 사소한 결정들이 모여 쌓이면 결국에는 도저히 피할 수 없는 커다란 결정이 된다. 즉, 작은 결정들이 모이면 하나의 큰 결정이 되는 것이다.

님이 많은 고생을 해야 한다는 사실에 대해서는 전혀 생각지 못했습니다. 한 마디로 철이 없었죠. 그저 남들처럼 여자애들 꽁무니나 쫓아다니고 수업도 수시로 빼먹는 등 성적에 그다지 관심이 없었던 것입니다. 결국 나는 1학년 때 라틴어만 겨우 낙제를 면하는 형편없는 성적을 받고 말았습니다.

아마도 부모님께서 무척이나 실망하셨을 것입니다. 학기말이 되자 아버지께서 이렇게 말씀하시더군요.

"네가 열심히 공부하지 않는다면 굳이 비싼 사립학교에 보낼 생각이 없다."

그리하여 2학년 때, 나는 공립학교로 전학을

가게 되었습니다. 하지만 나는 그 학교에 잘 적응하지 못했고 그 해 말에는 다시 기독교계 학교로 가고 싶다는 생각을 갖게 되었습니다. 그래서 아버지께 나의 뜻을 말씀드렸죠.

"네가 진정 그 학교로 다시 가고 싶다면 직접 학비를 벌거라."

아버지는 무정하게도 이렇게 말씀하셨습니다. 그리고 그 학교로 가겠다는 결정을 스스로 내린 만큼 그에 대한 책임도 나의 몫이 되었습니다. 내가 사립학교를 선택한다면 그 짐은 내 스스로 져야 했던 것입니다. 그리고 그 짐을 짊어지기 위해서는 커다란 인내심을 필요로 했습니다. 오랫동안 진지하게 고민한 끝에 나는 사립학교로 돌아가는 길을 선택하였고 스스로 학비를 벌겠다는 결정도 내렸습니다.

생전 처음으로 혼자서 깊이 고민한 끝에 그런

결정을 내렸지만, 목표를 갖고 진정으로 원하는 뭔
가를 위해 노력한다는 것은 정말 기분좋은 일이었
습니다. 결국 나는 주유소에서 아르바이트를 하게
되었고 열심히 하면 학비를 내고도 돈이 남을 것
이라는 계산까지 하고 있었습니다. 하지만 생각보
다 벌이가 넉넉하지 못해 학비를 내는 것도 빠듯
했죠. 그래서 나는 주유 탱크를 채우는 일이나 차
유리창을 닦는 일까지 맡게 되었고 용돈도 자린고
비처럼 아껴 쓰면서 학비를 마련했습니다.

그렇게 열심히 노력하자 어떤 일이 생겼는지
아십니까?

결국은 부모님이 도움의 손길을 내미셨습니다.
물론 나는 완강히 거부했지만 부모님은 기어이
내 학비를 내주셨습니다.

우리의 삶은 놀라울 정도로 많은 부분들이 작
은 결정들로 이루어져 있습니다. 사실, 사립학교

로 돌아가겠다는 것과 학비를 스스로 벌겠다는 나의 결심은 그다지 큰 결정이 아니었습니다. 그보다 큰 일에 비하면 아주 사소한 결정이었죠. 하지만 그 결정은 내 인생에 아주 중대한 영향을 미쳤습니다.

이렇듯 작은 결정들이 모여 쌓이면 결국에는 도저히 피할 수 없는 큰 결정이 됩니다. 즉, 작은 결정들이 모여 하나의 큰 결정이 되는 것입니다.

동업자인 제이와 함께 처음으로 비행기를 구입하게 되었을 때, 고민했던 일이 생각납니다. 우리로서는 처음으로 시도하는 일이었기 때문에 꽤나 망설일 수밖에 없었죠. 비행기 제작자들은 우리에게 비행기를 보여 주면서 한 번 타보라고 권했습니다. 그리고 우리는 아주 당연하다는 듯이 '네'라고 대답했죠.

우리의 시원스런 대답을 듣고 그들은 비행기를

두고 갈 테니 2, 3주 동안 사용해 보라고 권했습
니다. 그 제안에 대해서도 우리는 거침없이 '네'라
고 대답했습니다.

그리고 약속했던 시간이 지나자 그들은 비행
기를 가져가기 위해 우리를 찾아왔습니다. 하지만
비행기에 흠뻑 빠져 있던 우리는 '네'라는 대답
대신 '안 돼요'라고 외쳤죠. 결국 우리는 그 비행기를 샀습니다.

> 일단 목표를 세우고 그 목표를 달성하기 위해 최선을 다하겠다는 결심을 했다면 그 다음에는 필요한 경비를 계산해야 한다.

이처럼 작은 결정들이 모이면 하나의
커다란 결정이 됩니다.

크든 작든 결정을 내리는 것은 스스로 목표를
정한다는 것을 의미합니다. 그리고 그것은 진정
으로 용기가 필요한 일이죠. 특히 중대한 결정을
내릴 때는 커다란 용기가 필요합니다. 왜냐하면

암웨이를 공동 창업하기 전에 리치 디보스와 제이 밴 앤델은 드라이브인 레스토랑 사업을 시작했고 서로 번갈아가며 요리를 하여 손님을 접대했다.

그 중대한 결정으로 인해 우리의 인생이 바뀔지도 모르기 때문입니다.

하지만 고통이나 굳은 결심 없이 결정을 내리고 열정과 인내심 없이 일을 수행한다면 참된 보상을 받기가 어렵습니다. 그러므로 일단 목표를 세우고 그 목표를 달성하기 위해 최선을 다하겠다는 결심을 했다면 그 다음에는 필요한 경비를 계산해야 합니다. 왜냐하면 목표를 완수하는데 필요한 시간과 노력을 미리 알고 나면 도중에 흔들리지 않을 것이기 때문입니다.

제이와 나는 세계에서 가장 큰 도매회사를 꿈
꾸며 첫 발을 내딛었습니다. 그리고 몇 년 동안
수많은 사람들과 이야기를 나누며 암웨이를 설립
하는 일에 대해 의견을 교환했습니다. 하지만 한
번도 쉽게 생각한 적은 없습니다. 그리고 그것은
결코 쉬운 일이 아니었습니다. 아니, 우리에게 있
어 참으로 힘든 일이었죠. 그렇기 때문에 빠른 시
일 내에 많은 돈을 벌 수 있을 것이라는 기대를
안고 우리를 찾아오는 사람들에게는 주저하지 않
고 다른 일을 찾아보라고 말했습니다.

성공으로 가는 지름길은 없습니다.
하지만 힘든 과정을 거쳐 성공을 하면 그만큼
만족감도 높아집니다. 인내하십시오. 목표를 정하
고 그 목표를 위해 일할 준비가 되어 있다면 아무
리 힘들고 지칠지라도 인내심이 여러분을 끝까지

이끌어줄 것입니다.

물론 꿈도 크고 의욕은 넘치는데 돈이 없다면 여러분은 사람들에게 미쳤다는 소리를 들을 수도 있습니다. 나도 그랬습니다. 여러분이 목표를 위해 아무리 열심히 일을 해도 사람들은 정신 나간 짓이라고 생각할 지도 모릅니다.

하지만 내가 만약 친구들이나 주위 사람들의 그러한 평가에 흔들렸다면 나는 암웨이 사업을 시작하지 못했을 것입니다. 다행스럽게도 제이와 나는 우리의 꿈과 목표를 고집스럽게 밀고 나갈 정도로 정신나간 사람이었습니다. 그리고 그 꿈은 수십 억 달러 짜리 회사로 현실화되었습니다!

여러분 자신이나 아니면 주위의 사람들을 살펴 보십시오. 여러분이나 혹은 주위 사람들의 큰 꿈들 중에는 막연한 아이디어로부터 시작된 것이 많이 있을 것입니다.

내가 사업을 시작할 때의 목표는 혼자의 힘으
로 사업을 하고 싶다는 것뿐이었습니다. 그리고
그 목표를 이루기 위해 어떠한 희생도 치르겠다
는 준비가 되어 있었습니다. 하지만 어디로 가야
할지 또한 어떻게 해야할 지에 대해서는 아무 것
도 몰랐습니다.

처음에 제이와 나는 먼 앞날을 내다볼 수가 없
었기 때문에 차근차근 일을 진행시켰습니다. 그리
고 아무리 고통스런 순간을 맞이할지라도 이를 악
물고 참았습니다.

그런 다음, 우리가 만든 회사가 처음으로 100
만 달러의 판매고를 기록했을 때에야 비로소 다
음 일을 생각했습니다. 그리고 우리의 첫 건물이
포화상태에 이르렀을 때에야 다른 건물을 지었습

니다. 그런 식으로 우리는 끈질긴 노력과 인내를 통해 거대하고 성공적인 대기업을 세웠던 것입니다.

만약 우리가 실패할 이유만을 생각했다면 우리는 회사를 창립하지도 못했을 것입니다. 누구나 인정하는 사실이지만 우리의 인생 길은 장애물과 혼란스러움으로 가득 차 있습니다.

예를 들어볼까요?

사업 초기에 우리는 대규모 세일즈 행사를 기획하여 라디오와 신문에 대대적으로 광고를 했습니다. 그리고 사람들이 구름처럼 밀려올 것이라 기대하고 커다란 강당도 빌렸습니다. 하지만 발바닥이 부르트도록 뛰어다녔음에도 불구하고 행사는 참담한 실패로 끝나고 말았습니다!

그 행사에 참석한 사람은 겨우 두 명뿐이었죠.

> 실패와 절망에 부딪치면 선택은 두 가지뿐이다. 포기하거나 아니면 그대로 밀고 나가는 것이다.

텅 빈 강당에 서서 열정을 실어 연설을 한다는 것은 참으로 힘든 일입니다. 정말로 너무 많이 힘들었습니다. 그 행사가 끝난 후, 우리는 차를 타고 한밤중에 집으로 돌아갔습니다. 모텔 숙박료가 없었기 때문이죠.

하지만 그러한 실패도 우리를 가로막지는 '못했습니다. 실패와 절망에 부딪치면 선택은 두 가지뿐입니다. 포기를 하거나 아니면 그대로 밀고 나가는 것입니다.

누군가 나에게 성공을 이루는데 있어서 도움이 되는 한 마디를 해달라고 요구한다면 '인내심'이라고 말하고 싶습니다.

인내심은 지성이나 체력, 멋진 외모 혹은 개인적인 매력보다 훨씬 더 중요합니다.

인내심은 정신 깊숙한 곳에서 나옵니다.

인내심은 우리의 삶에 있어서 부족한 부분을 채워주기 위해 신이 부여한 보상입니다.

절대로 그 힘을 과소평가하지 마십시오!

야채 행상이었던 할아버지 피터 데커가 지켜보는 가운데 리치 디보스는 생전 처음으로 야채를 팔았다. 이익금은 겨우 몇 페니뿐이었지만 그 일은 평생동안 소중한 교훈이 되었다.

Lesson 3

CONFIDENCE
자신감

'경험'은 결단력 있고
자신감 넘치는 노력의 가치를
나에게 가르쳐 주었다.

- 리치 디보스 -

엘리자베스호를 타고 카리브해 항해에 나섰던 리치 디
보스와 제이 밴 앤델의 모험은 쿠바 해안에서 배가 침
몰함으로써 예정보다 빨리 막을 내렸다. 하지만 두 사람
은 그 일로 인해 자신감과 모험에 대한 평생 교훈을 얻
었다.

세 번째 교훈
자 신 감

✤

삶에 있어서 가장 위대한 아이러니 중의 하나는 종종 화살을 낮게 쏜 사람들이 위대한 일을 성취한다는 사실입니다. 즉, 특별한 목표를 겨냥하지 않는 사람들이 대부분 목표를 맞추게 되는 것입니다.

하지만 세상에서 가장 강력한 힘은 목표를 높이 잡고 날마다 그 목표를 달성하기 위해 꾸준히 노력하는 사람들에게서 나옵니다. 그렇다면 인내심의 연료는 과연 무엇일까요?

그것은 바로 자신감입니다.

목표에 도달할 수 있는 자신의 잠재력을 믿지

못하면 아마도 지속적으로 노력하기가 힘들 것입
니다. 그러나 꼬마 증기기관차처럼 스스로에게
'할 수 있다'는 말을 한다면 포기하지 않고 계속
할 수 있습니다.

　사실, 나 자신도 사람들에게 힘을 주는 것이
무엇인지 매우 궁금합니다. 그런데도 사람들은 나
를 위대한 동기부여자로 생각하기 때문에 가끔
동기부여에 대한 강연 요청이 들어오곤 합니다.
그들은 무엇 때문에 사람들이 성공하고 또한 실
패하는지 알고 싶어하는 것입니다. 즉, 성공의 비
결을 알고 싶어하는 것이죠.

　성공의 비결을 묻는 모든 사람들에게 명쾌하
게 설명할 수 있는 심오한 지혜가 나에게 있다면
얼마나 좋을까요? 다른 사람들이 모두 주저앉을
때, 또 다른 사람들은 앞으로 나아가는 이유를 설
명할 수 있다면 나도 정말 좋겠습니다.

　하지만 한 가지는 확신할 수 있습니다.

그것은 '할 수 있다'는 믿음만 있으면 어떤 목표를 세우든 누구나 성공할 수 있다는 것입니다.

그리고 그 일은 '선택'에 달려 있습니다. 그러므로 우리는 믿는 쪽을 선택해야 합니다. 자기 자신과 목표를 믿는 쪽을 선택해야 하는 것입니다.

젊은 시절 인생의 목표를 정할 때, 나는 사람들이 흔히 하는 것처럼 박사학위를 받는다거나 정치 입문 혹은 프로골퍼가 되는 일에는 거의 관심이 없었습니다. 물론 노력만 한다면 그것은 모두 성취 가능한 목표였지만 나에게 그런 것은 그다지 매력없는 일이었습니다.

내가 원했던 목표는 나의 사업체를 세워 그것을 성공시키는 것이었습니다. 그리고 나 자신이 그 일을 해낼 수 있다는 것을 추호도 의심하지 않았습니다.

하긴 나의 자신감은 천부적이라거나 혹은 유

전적으로 물려받은 성격 탓이라고 할 수도 있을
것입니다. 나는 좋은 천성은 모두 신으로부터 받
은 것이라고 믿고 있습니다. 그리고 내가 사업가
적인 유전자를 물려받았을 가능성도 충분히 있습
니다.

하지만 그 무엇보다 중요한 것은 누구나 그런
자신감을 선택할 수 있다는 사실입니다. 자신감은
선택할 수 있는 것이며 동시에 재능입니다. 만약
여러분이 천부적인 재능을 받지 못했다 해도 선
택할 수는 있습니다. 그리고 선택을 하게 되면 재
능을 받게 됩니다. 이것은 닭이 먼저냐 달걀이 먼
저냐 하는 이야기와 똑같은 것이죠. 어느 쪽이 먼
저인가라는 문제는 그다지 중요치 않습니다.

삶과 함께 한 70여년의 세월을 되돌아보면 내
인생의 기초는 바로 자신감이었다는 것을 분명히
알 수 있습니다. 그것이 바로 결정적인 힘이었죠.
하지만 젊었을 때에는 나 역시 자신감에 대해 단

편적이고 때로는 불합리한 생각을 갖고 있었습니다. 지금 생각해 보면 젊은 시절의 그러한 생각이 오히려 반갑고 기쁘게 느껴집니다. 왜냐하면 실패와 모험은 한 편일 경우가 많기 때문이죠.

기꺼이 실패를 감수할 마음이 없으면 커다란 실패를 겪는 일은 없습니다. 하지만 중요한 것은 실패를 두려워하는 사람에게 커다란 성공도 없다는 사실입니다. 나는 내 스스로 뭔가를 할 수

> 자신감은 선택인 동시에 재능이다. 만약 여러분이 천부적인 재능을 받지 못했다 해도 선택은 할 수 있다. 그리고 선택을 하면 재능을 받게 된다.

있다는 잠재력을 믿었기 때문에 결과적으로 이성적인 사람들이 감히 엄두도 못 낼 일을 겁도 없이 해냈습니다. 그 과정에서 재미있는 일도 많이 겪었고 놀라운 경험도 했지만 내 평생을 두고 잊지 못할 소중한 교훈들도 많이 배웠습니다.

20대 초반, 나는 평생 잊지 못할 교훈을 얻게 해 준 모험을 떠났습니다. 거리낄 것 없는 젊은 혈기로 제이 밴 앤델과 함께 요트를 구입하여 미대륙으로 항해를 떠났던 것이죠.

일단 결심이 선 다음 우리는 곧바로 모험을 떠나기 위해 준비를 했습니다. 일차적인 준비물로 배를 필요로 했던 우리는 그것을 구입하기 위해 여기저기 수소문하던 중 대서양 연안에서 낡은 노바스코샤 스쿠너선을 발견하게 되었습니다. 그 배의 이름은 엘리자베스호였는데, 몇 년 동안 방치되어 있는 상태였죠.

그러나 배에 대해 아무 것도 몰랐던 우리는 최소한 배 갑판을 걸어보고 엔진의 성능을 시험한다거나 실험적으로 항해를 해보는 등의 절차도 거치지 않고 그 배를 구입하고 말았습니다. 만약 그 당시에 지금 알고 있는 지식을 조금이라도 갖추고 있었다면 그토록 무모하게 선택하지는 않았을 것입니다.

사실, '엘리자베스'라는 이름은 '신은 좋은 재산이다'라는 뜻입니다. 하지만 우리가 그 배를 발견했을 때는 그 뜻에 어울리는 상태가 아니었습니다. 게다가 배의 상태보다 더 나빴던 것은 우리 두 사람의 항해술이었습니다. 우리는 그 이전까지 한 번도 배를 운항해본 경험이 없었죠. 그렇지만 항해 미숙이 우리의 앞길을 가로막도록 내버려둘 생각은 전혀 없었습니다.

우리는 그 배로 미국 동부해안을 따라 항해한 후 쿠바(당시에는 카스트로가 정권을 잡기 이전이었음)로 갔다가, 거기서 카리브해를 거쳐 남미 대륙으로 항해할 계획이었습니다. 그것은 숙달된 선원에게도 버거운 계획이었지만, 그 당시 우리는 젊음의 혈기로 자신감이 넘쳐흘렀고 도전을 위한 준비도 되어 있었습니다.

결국, 갑판 한 번 밟아보지 않고 구입한 엘리자베스호를 타고 우리는 한 손에는 항해교본을 그리고 다른 손에는 키를 잡고 미국 동쪽 해안을 따라 내려갔습니다. 한 마디로 무모한 항해였죠. 항해일지에 '또 다시 좌초'라고 적은 횟수는 헤아릴 수도 없을 지경이었습니다.

경험없이 시작한 일이니 그다지 놀랄 일도 아니지만 우리의 항해기술은 너무 서툴렀습니다. 한 번은 뉴저지에서 길을 잃는 바람에 해안경비대가 여덟 시간만에 우리를 찾아낸 적도 있었습니다. 게다가 또 다른 문제는 지도를 잘못 읽어 한 번도 큰 바다까지 나가보지도 못했다는 점입니다. 우리는 두 번이나 연안 수로에서 방향을 잘못 틀어 늪이나 강에 갇히는 신세가 되고 말았습니다.

겨우 항해기술을 어느 정도 익혔을 때는 길을 잃고 우왕좌왕하는 일보다 더 큰 문제가 터지고 말았습니다. 뚝심 하나로 마침내 쿠바에 도착하기는 했지만 쿠바의 북쪽 해안을 따라 항해하는 도중에 배에 물이 차기 시작했던 것입니다.

그래서 우리는 배를 작은 항구에 있는 수리센터에 맡기고 2주일 동안이나 엘리자베스호의 선체에 나 있는 틈을 막아야 했습니다. 드디어 수리가 끝나고 우리는 쿠바 선원 한 명을 고용하여 배의 조종을 맡긴 채 바하마 해협으로 출발하였습니다. 그런데 불행하게도 선체의 구멍을 막은 것이 또 다시 터지고 말았습니다.

결국, 한밤중에 수심이 450미터나 되는 곳에서 배가 가라앉기 시작했습니다. 아무리 물을 퍼내도 물이 차 오르는 것을 막을 수 없었던 우리는 선실까지 물이 들어오자 배를 버릴 준비를 했습니다. 그리하여 조명탄을 쏘아 올리고 손전등으로 구조신호를 보내면서 수평선에 구조선이 나타나기만을 기다렸습니다.

그리고 새벽 2시 30분에 '아다벨 라이크스호'라는 미국 화물선이 우리를 구해주었죠. 동이 틀 무렵 엘리자베스호는 바다 밑으로 가라앉고 말았습니다. 물론 선체가 부실했던 엘리자베스호의 침몰은 타이타닉호처럼 극적인 것은 아니었습니다.

우리를 구해준 아다벨 라이크스호 선장은 푸에르토리코의 산후안 해변에 우리를 내려주었습니다. 그 정도라면 대부분의 사람들은 항해를 포기하고 집으로 돌아가겠지만, 제이와 나는 우리의 꿈을 이뤄야 한다는 신념이 있었고 또한 해낼 수 있다는 자신감도 갖고 있었습니다. 우리는 위험이나 모험이 두렵지 않았습니다. 그리고 개인 소지품을 대부분 건질 수 있었고 약간의 돈도 갖고 있었기 때문에 모험을 계속하기로 결정했습니다. 어쨌든 남미대륙으로 갈 수 있는 방법은 많이 있었으니까요.

푸에르토리코에서 우리는 낡은 부정기 유조선

의 갑판원으로 취직하여 베네주엘라 연안의 네덜
란드령 앤틸레스 제도에 있는 큐라카오 섬으로
갔습니다. 그곳에서 프로펠러 비행기를 타고 카라
카스로 날아간 후 콜럼비아 고원지대에서 마그달
레나 강을 항해하는 증기선을 타고 여행을 계속했
습니다. 그런 다음 협궤열차로 갈아타고 태평양 연
안으로 향했죠.

그리고 콜럼비아에서 칠레까지 남미대륙의 서
부 연안을 전부 돌아본 다음 안데스 산맥 위를

1949년에 남미대륙에서 돌아온
후, 리치 디보스와 제이 밴 앤
델은 불운했던 엘리자베스호의
항해 기억을 평생 간직하기 위
해 구조 당시 썼던 구명튜브를
들고 포즈를 취했다.

날아 동부 해안을 훑고 가이아나까지 여행한 후
에야 집으로 돌아왔습니다. 결국 우리는 흥미있는
곳은 모두 들렀고 카리브해에 있는 커다란 섬들
은 모두 가 본 셈이었습니다. 참으로 멋진 일생일
대의 모험이었죠.

그 여행으로 인해 내 인생이 바뀌게 되었습니다.
위험을 감수하는 법도 배웠고 목표를 이루기
위해 그리고 꿈을 실현하기 위해 어려움을 극복
하는 법도 배웠습니다. 또한 엘리자베스호의 침몰
은 삶에 대한 의욕을 높여 주었고 삶을 더욱더 재미있고 능동적으로 살아가는 방법을 가르쳐주었습니다. 그 이후, 나는 그 여행에서 배운 교훈

> 다른 사람이 느끼는 두려움을 그대로 수용하지 말라. 그리고 충분히 알 때까지 기다리지 말라. 그 때까지 기다리면 여러분은 아무 것도 할 수 없다.

을 발판으로 삼아 더 많은 모험을 할 수 있었습

니다.

자신감은 종종 '무조건 성공하겠다'는 조금은 불합리한 희망에 그 뿌리를 두는 경우도 있습니다. 하지만 자신감 부족 때문에 여러분의 꿈이 사장되도록 방치하지는 마십시오.

다른 사람이 느끼는 두려움을 그대로 수용하지 마십시오.

충분히 알 때까지 기다리지 마십시오.

그 때까지 기다리면 여러분은 아무 것도 할 수 없습니다.

일단 뭔가를 시작해야 무엇을 배워야 하는지도 알 수 있습니다. 절대로 해변가에 그대로 서서 항해술을 배울 수는 없습니다. 생각하는 것, 말하는 것, 비교 검토하는 것 그리고 비용을 계산하는 일을 멈추고 무조건 출발하십시오.

시도도 해보지 않고 여러분이 무엇을 이룰 수 있는지 어떻게 알 수 있겠습니까?

"시도하거나 울어라!"

이것이 바로 나의 슬로건입니다. 시도하지 않
으려면 울어서도 안 됩니다.

자신감은 행동에서 나온다는 사실을 결코 잊
지 마십시오.

비행기조종법도 모르면서 리치 디보스와 제이 밴 앤
델은 사업 초기에 월버린 항공서비스회사를 시작함으
로써 자신감과 하고자 하는 의지가 성공의 핵심요소
라는 사실을 증명하였다.

Lesson

4

OPTIMISM

낙천주의

마음 깊은 곳에 꿈에 대한 열정을 가지고 있다면
신께 감사하고 행동으로 옮겨라.
그리고 다른 사람이
그 열정을 망치게 하지 말라.

- 리치 디보스 -

리치 디보스와 제이 밴 앤델이 1986년 회사 창립 25
주년 기념일에 함께 기쁨을 나누고 있다.

네 번째 교훈
낙천주의

✤

일이 잘 안 될 거라고 생각하십니까? 그렇다면 그런 결과가 나올 가능성이 높습니다. 하지만 낙천적인 사람은 실망하는 법이 없습니다. 왜냐하면 일이 잘 될 것이라고 기대하면 좋은 결과를 얻게 되니까요! 낙천주의와 성공 사이에는 본래부터 인과관계가 성립되어 있는 것 같습니다.

낙천주의와 비관주의는 둘 다 강력한 힘을 갖고 있습니다. 그러므로 우리는 어느 편을 선택하여 앞날을 예측하고 싶은지를 결정해야 합니다.

　물론 세상을 살다보면 좋은 일도 있고 나쁜 일도 있습니다. 슬픔도 있고 행복도 있으며, 즐거움도 있고 고통도 있습니다. 그리고 그 결과는 낙천주의와 비관주의 중에서 어느 쪽을 선택하느냐에 따라 달라집니다. 우리는 웃음과 축복을 선택할 수도 있고, 울음과 저주를 선택할 수도 있습니다. 그것은 우리가 선택하기 나름이니까요.

　여러분은 어떤 눈으로 세상을 보고 싶습니까? 희망을 가지고 위를 올려다보고 싶습니까? 아니면, 절망에 차서 아래를 내려다보고 싶습니까? 나는 위를 보는 것을 좋아합니다. 나는 긍정적인 사고방식을 선택합니다. 그리고 부정적인 시각은 무시합니다. 어느 정도 천성적인 부분도 있겠지만 나는 스스로의 선택에 의해 낙천주의자가 되었습니다.

　물론 나도 슬픔의 존재를 믿습니다. 그리고 70년

을 넘게 살아오는 동안 나 역시 한 차례 이상의 위기를 겪었습니다. 그렇지만 지금까지 살아오면서 '인생에는 나쁜 일보다 좋은 일이 훨씬 더 많다'는 사실을 발견하였습니다.

낙천적인 태도는 사치품이 아니라 필수품입니다. 여러분이 인생을 어떻게 생각하느냐에 따라 삶에 대한 느낌과 행동양식 그리고 다른 사람과의 관계가 결정되는 것입니다. 하지만 부정적인 생각과 태도와 기대는 스스로 몸집을 키워가면서 자기 멋대로 결과를 예측합니다. 그리고 비관주의는 아무도 살고 싶어하지 않는 황량한 분위기를 만들어 버립니다.

몇 년 전, 기름을 넣기 위해 어느 주유소에서 차를 세웠습니다. 날씨는 매우

여러분이 인생을 어떻게 생각하느냐에 따라 삶에 대한 느낌과 행동양식 그리고 다른 사람과의 관계가 결정된다.

화창했고 기분도 아주 좋았죠. 그런데 기름값을 내려고 주유소 계산대로 갔더니 직원이 이렇게 물었습니다.

"기분이 어떠세요?"

조금 이상한 질문이었지만 기분이 좋았던 나는 좋다고 대답했습니다. 그러자 그 직원은 이렇게 말했습니다.

"별로 안 좋아 보이는데요."

그 말에 깜짝 놀란 나는 약간 자신감을 잃은 목소리로 기분이 최고라고 대답했습니다. 조금 사이를 두고 고개를 갸웃하던 그 직원은 거침없이 내가 굉장히 안 좋아 보이며 얼굴이 누렇게 떠 있다고 말했습니다.

그리고 주유소를 떠날 때쯤에는 약간 불편한 기분을 느낄 수 있었습니다. 운전을 하면서 한 블록을 지나간 나는 차를 길옆에 세워두고 거울에 나의 얼굴을 비춰보았습니다.

'내 기분이 어땠었지?'

'혹시 황달에 걸린 것은 아닌가?'

'정말 아무 일도 없는 것일까?'

어느 새 그러한 생각이 내 머리 속을 휘젓고 있었고 집에 도착했을 즈음에는 속까지 메스꺼워졌습니다.

'간이 나쁜가?'

'무슨 희귀병에 걸린 것은 아닐까?'

그리고 그 날은 언짢은 기분을 안고 그럭저럭 지나갔습니다. 그 후 얼마 지나지 않아 다시 그 주유소에 갔을 때도 역시 기분이 좋은 상태였습니다. 그래서 이번에는 지난번에 일어났던 일을 곰곰이 생각해 보았죠.

바로 그 때, 내 눈에 번쩍 뜨이는 것이 있었습니다. 그 주유소는 최근 밝은 적황색으로 칠을 새

로 했는데 그로 인해 벽에 빛이 반사되었고 사람
들의 얼굴이 모두 간염에 걸린 것처럼 보였던 것
입니다. 나 역시 그러한 상황에서 전혀 모르는 사
람과 이야기를 나누게 된 것이고 그 사람의 부정
적인 말 때문에 온종일 기분이 나빴던 것입니다.

내가 '아픈 것처럼 보인다'는 직원의 말을 듣
고 얼마 지나지 않아 나는 정말로 내가 아픈 것
처럼 생각되었습니다. 결국 한 마디의 부정적인
말이 나의 느낌과 행동에 그처럼 커다란 영향을
미쳤던 것입니다.

부정적인 사고보다 훨씬 더 강력한 힘은 긍정
적인 사고방식, 낙천적이고 희망적인 말입니다.
그리고 내가 가장 감사하고 있는 일 중의 하나는
낙천주의라는 위대한 전통을 이어받은 나라에서
자랐다는 것입니다. 모든 문화가 '위를 바라보는
시각'에서 만들어지면 놀라운 일들을 해낼 수 있

습니다. 즉, 세상이 희망적이고 긍정적인 곳으로 보일 때 사람들은 뭔가를 시도하고 이루려는 힘을 얻게 되는 것입니다.

하지만 낙천적인 사고방식이 없으면 우리에게 남는 것은 비난과 부정적인 말 그리고 운명에 순응하는 일뿐입니다. 한 나라가 개인이나 단체로부터 최악을 기대하며 잘못된 점만을 지적하는 이야기를 수용한다면 희망은 설자리를 잃게 됩니다.

실제로 너무도 많은 사람들이 위를 보는 대신 아래를 내려다보고 있고 또한 정부의 정치체제와 경제제도, 교육제도, 종교 단체를 부정하고 있습

리치 디보스는 헬렌과 결혼하여 하나님에 대한 깊은 믿음을 함께 나누었다. 사진은 디보스 부부 그리고 장인장모 조지와 윌마 밴위셉

니다. 게다가 그 중에서도 가장 나쁜 남을 헐뜯는
자세를 보여주고 있습니다.

모든 사회적 문제를 해결하기 위해서는 용기
와 힘이 필요합니다. 물론 잘못은 바로잡아야 하
겠지요. 하지만 문제는 잘못을 찾는 데는 굉장히
많은 부정적 에너지가 소모되기 때문에 긍정적인
행동을 할 여지가 없다는 점입니다.

여러분은 시간과 에너지를 파괴하는 데 쓰고
싶습니까? 아니면 건설하는 데 쓰고 싶습니까?

브로드웨이의 공연무대를 예로 들어봅시다.

우선 새로운 작품을 공연한다고 가정해 보죠.
극작가는 극본을 마무리하고 제작자는 돈을 투자
하며 극장을 임대합니다. 그리하여 연출가가 정해
지고 배우들이 오디션을 통해 선발되며 출연진은
몇 주일 동안 연습을 하죠. 세트와 조명, 음향기
기 기술자들도 맡은 일을 열심히 합니다. 막이 오

를 때까지 멋진 작품을 만들어내기 위한 사람들의 노력은 쉬지 않고 지속됩니다.

그런 다음 본격적인 개막을 앞두고 너덧 명의 비평가들 앞에서 시사회가 열리는데, 그들이 나쁘게 평가하면 그 연극은 며칠이나 혹은 몇 주일만에 막을 내리게 될 것입니다. 반대로 칭찬을 하면 그 작품은 성공적으로 장기공연을 할 수 있겠죠. 결국 연극의 성공과 실패가 극히 소수의 비평가에게 달려 있는 것입니다. 시사회 날에 비평가 중의 일부가 다른 일로 기분 나쁜 상태인지도 모르는데 말입니다.

그렇다면 뭐가 잘못된 것일까요?

사실 따지고 보면 잘못된 것은 하나도

> 창조하는 것보다 비판하는 것이 훨씬 더 쉽다. 하지만 사회의 비평을 두려워하면 결국은 비평가의 사회가 되고 만다. 그러면 건설적인 낙천주의가 설자리를 잃게 된다.

없습니다. 비평가들은 맡은 바 소임을 다했을 뿐
입니다. 하지만 우리가 비평가들을 무슨 영웅이나
운명의 조종사로 여기게 되면 문제가 발생합니다.
즉, 극작가보다 비평가들에게 무게를 실어주면 일
이 잘못되는 것입니다.

창조하는 것보다 비판하는 것이 훨씬 더 쉽습
니다. 하지만 사회의 비평을 두려워하면 결국은
비평가의 사회가 되고 맙니다. 그러면 건설적인
낙천주의가 설자리를 잃게 됩니다.

우리는 위험을 무릅쓰고라도 뭔가를 창조하는
사람들을 존중할 필요가 있습니다.

문제를 해결하거나 뭔가를 창
조하는 사람들을 제대로 평
가해주지 않으면 개혁이 일
어날 수 없습니다. 자신의

작품이 냉정한 비평가의 냉소적인 평가대상이 되
리라는 사실을 알게 되면 사람들은 본능적으로
움츠리게 됩니다. 그러므로 부정주의에 지나치게
힘을 실어준다면 그리고 창조자들보다 비평가들
을 존중한다면 우리의 다음 세대는 망가뜨리는
방법만 알게 될지도 모릅니다.

　1960년대, 그 당시 하버드대를 갓 졸업한 30대
의 변호사이자 소비자 운동가인 랄프 네이더는
자동차 산업을 비판하여 전국적으로 유명인사가
되었습니다. 물론 당시의 자동차 업계에 개선의
여지가 있었던 것은 사실입니다. 하지만 랄프 네
이더가 자동차를 한
대도 만들어본 경험
이 없다는 사실 역시
중요합니다.

　그리고 오늘날 자

긍정적이고 낙천적인 생각
은 발전의 원동력이다. 그
리고 사람들은 칭찬과 격
려에 의해 힘을 얻는다.

동차업계는 자동차를 대량으로 생산할 수 있는 기술체계를 갖추고 자동차 없는 사람이 드물 정도로 적정 가격에 팔고 있습니다. 그렇게 되기까지에는 수많은 우여곡절이 있었지만 자동차 제작과정의 어려움을 이해하는 사람들이 있었기에 오늘날의 대량생산이 가능해진 것입니다.

실제로 자동차를 고맙게 생각하기보다는 그 결점을 찾는 일이 훨씬 더 쉽습니다. 하지만 내가 가장 인상깊게 생각하는 것은 자동차의 결점이 아니라 장점입니다.

완성된 자동차를 보십시오. 얼마나 멋진 작품입니까!

대부분의 사람들이 우둔하고 무능하다는 생각이 들면(사실 그렇게 생각하는 비평가들이 많긴 하지만) 혹은 모든 대기업들이 철저히 썩었고 부패했다는 생각이 들면 세상을 더 좋게 만들기 위해 열심히 일할 기분이 나지 않을 것입니다.

비관주의, 냉소주의, 낮은 곳을 바라보는 시각은 무기력과 게으름을 낳습니다. 사회제도가 치료 불능 상태라 믿게 되면 개선하려는 마음도 사라질 것입니다.

반면, 긍정적이고 낙천적인 생각은 발전의 원동력입니다. 그리고 사람들은 칭찬과 격려에 의해 힘을 얻습니다.

우리는 지금 참으로 놀라운 시대를 살고 있습니다. 하지만 아직도 과거에 대한 향수의 포로가 되어 살고 있는 사람도 많습니다. 그러한 사람들은 현재와 미래에 대해 끊임없이 비관적인 생각을 합니다. 경제상황이 좋으면 사회 가치가 낮아진다고 생각하고, 범죄 발생률이 낮아지면 사람들 수명이 늘어날 것이라 생각하는 것입니다.

나 역시 우리 조상들에 대해 좋은 기억을 갖고 있고 또한 그들을 존경하지만 그렇다고 과거를 그리워하지는 않습니다. 나는 현재에 살고 있고 미래에 대해서도 낙관적인 생각을 갖고 있습니다.

미국이 처음 건국되었을 때, 사람들의 평균수명은 40년도 채 되지 않았습니다. 그리고 남자들은 일주일에 72시간을 일했고 여자들은 일주일에 거의 100시간을 집에서 일했습니다. 또한 그 당시에는 현대적인 가전제품도 없었고 사람들은 평생을 살면서도 태어난 곳에서 320킬로미터 이상을 가보지 못했습니다. 즉, 하루 이상 걷는 거리는 가보지 못한 것이죠. 특히 병에 잘 걸려 유아사망률이 높았고 소수의 사람들만이 부를 누렸으며 노예제도가 성행했습니다.

그래도 여러분은 그 시절이 좋았다고 생각합

니까?

낙천주의자라고 하여 반드시 순진해야 하는 것은 아닙니다. 낙천주의자이면서도 해결하기 힘든 문제가 있다는 것을 아는 사람이 될 수도 있습니다.

하지만 낙천주의는 문제를 해결하는데 있어서 엄청난 차이를 만듭니다.

> 만약 여러분이 낙천주의자라면 어떤 문제에 대해 쓸데없이 불평을 늘어놓는 대신 해결방법을 위해 고민할 것이다.

예를 들어봅시다.

나는 지난 몇 년 동안 우주계획을 실현하기 위해 돈을 낭비해왔다고 주장하는 사람들의 의견을 들어왔습니다. 그들은 이렇게 말합니다.

"인간을 달에 보내기 위해 4억5천5백만 달러를 지출하는 대신, 그 돈을 차라리 지구에서 가난하게 사는 사람들을 위해 쓸 것이지."

하지만 가난을 해결하기 위해 그 돈을 정확히
어떻게 써야 하는지를 물어보면 대부분 대답하지
못하더군요. 그러한 사람들에게 나는 이렇게 말하
고 싶습니다.

"해결책을 제시하십시오. 그러면 내가 돈을 모
으겠습니다."

돈을 우주계획 같은 프로그램에 썼다고 비판
하는 대신 우주계획이 지니고 있는 긍정적인 면
을 보도록 노력하십시오. 우주계획은 우리 인류에
게 커다란 이득을 가져다주었습니다.

낙천주의는 우리의 관심을 비관적이 아닌 긍
정적이고 건설적인 생각 쪽으로 돌려놓습니다. 만
약 여러분이 낙천주의자라면 어떤 문제에 대해
쓸데없이 불평을 늘어놓는 대신 해결방법을 위해
고민할 것입니다.

사실, 낙천적인 사고방식이 아니라면 가난과

같은 중대한 현안은 해결의 희망이 전혀 없습니다. 커다란 문제를 해결하기 위해서는 몽상가와 낙천적인 사고방식을 가진 사람, 위대한 인내심과 끝없는 자신감이 필요한 것입니다.

그리고 그것은 여러분의 선택에 달려 있습니다.

Lesson 5

RESPECT
존경심

위대한 지도자는 추종자들이
자신에게 갖고 있는 깊고 참된 존경심만큼
그 역시 추종자들을 존경한다.

– 리치 디보스 –

리치 디보스는 미 프로농구 NBA 올란도 매직팀의 회장이
자 구단주로 사업체를 경영할 때와 마찬가지로 리더십을
가지고 팀을 잘 관리하고 있다.

다섯 번째 교훈
존 경 심

✤

미국 프로농구 NBA 올란도 매직팀과
WNBA 올란도 미라클팀의 구단주로
있는 나는 간혹 선수들이 "아무도 저를 존경하지
않습니다"라고 말하는 것을 듣습니다.

하긴 고등학교나 대학교에서 스타였던 선수들
이 NBA나 WNBA 같은 프로 세계에서 예전 같
은 인기를 누리지 못하는 경우는 많이 있습니다.
훈련이 곧 선수생명과 직결되어 있는 프로의 세계
에서는 팬들과 함께 할 여가시간이 별로 없기 때
문에 그럴지도 모릅니다.

그럴 경우 어떤 선수들은 관심과 존경심을 동

일하게 생각합니다. 그리고 경기의 득점이나 연
봉, 수비실력 등에 대한 매스컴의 관심에만 신경
을 쓰며 그 관심의 정도를 자신들에 대한 존경의
척도로 생각하는 선수도 많이 있습니다.

그러한 선수들 중에는 불행하게도 존경심은
자기 자신을 존중하는 데서 시작된다는 사실을
모르는 사람도 있습니다. 사실, 존경심은 자기 자
신을 아는 일로부터 그리고 스스로를 사랑하고
존경하는 일로부터 생기는 것입니다. 절대로 경기
의 참가 횟수나 팬과 매스컴의 관심 정도에 있는
것이 아닙니다.

물론 다른 선수들과 비교하여 더 많은 돈을
받으면 자신이 존경받는다고 생각할 수도 있습니
다. 즉, 돈의 액수가 존경의 척도라 생각하는 것
이죠. 하지만 그들 역시 존경심이 돈의 액수에 상
관없이 인간으로서의 가치로부터 시작된다는 것
을 이해하지 못하는 것입니다.

어떤 사람들은 사랑이 세상을 움직인다고 말합니다. 하지만 날마다 사람들과 부딪치며 살아가는 실생활에서 보면 세상을 움직이는 것은 존경심입니다.

인간은 누구나 인생의 목적과 위치를 부여받고 신의 형상

> 인간은 누구나 인생의 목적과 위치를 부여받고 신의 형상으로 탄생된 존재이다.

으로 탄생된 존재입니다. 그런 기준에 따라 살아간다면 대접받고 싶은 대로 다른 사람을 대접함으로써 인간을 존중하게 될 것입니다. 그리고 인간을 존중할 줄 알아야 상대에게 뜻 있고 확실한 방법으로 확신과 힘을 줄 수 있습니다. 그렇기 때문에 우리는 다른 사람에게 존경심을 표시할 줄 알아야 합니다.

만약 그러한 기준에 따라 살아가지 않는다면 편견과 오만에 빠져 다른 사람들을 홀대하고 무시하게 될 것입니다. 사람을 분류하고 정형화시키

는 것은 존엄성을 빼앗는 일입니다. 따라서 피부
색이나 종교, 출신 학교, 사는 동네, 몰고 다니는
자동차, 입은 옷 혹은 사용 언어에 따라 사람을
판단하면 안 됩니다.

그러한 장벽을 허물지 않고 사람을 사회적 위
치로만 판단한다면, 다른 사람을 잠재력과 지성을
가진 인간으로 볼 수가 없습니다. 그런데도 우리
는 직업이나 능력, 독특하고 중요한 재능으로써
사람을 판단하는 경우가 너무 많습니다.

하지만 생각해 보십시오.

한 나라를 떠받치고 있는 기둥은 보통 사람들입
니다. 보통 사람들은 맡은 일을 충실히 해냅니다.
비록 그들은 칭송을 받지 못해도 사회에 꼭 필요
한 존재입니다.

어느 해 여름, 가족들과 피서지의 방갈로에서
묵게 되었을 때 나는 그런 사람을 만난 적이 있

습니다. 그는 그 동네의 청소부였는데, 내가 그 때까지 만난 청소부 중에서 최고의 청소부였습니다.

그는 일주일에 한번씩 정확하게 아침 6시 30분에 나타났습니다. 그를 보고 시계를 맞출 정도였죠. 그는 여러 개의 방갈로를 청소하면서도 장난하듯이 쓰레기통을 청소트럭에 내던지는 일이 없었습니다. 그는 익숙한 솜씨로 쓰레기통을 조심스레 들어올린 후 트럭에 쏟은 다음 다시 조용히 쓰레기통을 내려놓고 뚜껑을 덮었습니다. 그는 조용하고 신중하게 일을 처리했고 육체적으로 힘든 일을 하면서도 그 일을 쉽게 보이도록 만드는 친구였습니다.

2주일 동안이나 그를 지켜본 나는 어느 날 아침 청소를 하러 온 그 사람에게 다가가 인사를 했습니다.

"정말 일을 잘 하시는군요."

"방금 오셨습니까? 아니면 떠나시는 길입니

까?"

그는 이렇게 물었습니다. 그는 누군가가 자신을 칭찬하기 위해 일부러 그렇게 일찍 일어났으리라고는 상상도 하지 못하는 것 같았습니다.

"둘 다 아닙니다. 전 그저 당신이 일을 정말 잘 하신다는 말을 하려고 나온 거예요."

내가 이렇게 말하자 그는 나를 보고 활짝 웃었습니다. 그러면서 12년 동안이나 청소 일을 해왔지만 직장 상사를 비롯하여 자신에게 그렇게 친절한 말을 해준 사람은 내가 처음이었다고 했습니다. 결국 그는 12년 동안이나 격려 혹은 감사의 인사 한 마디를 들은 적도 없으면서 성실하게 자신이 맡은 일을 해낸 것입니다.

> 한 나라를 떠받치는 기둥은 보통 사람들이다. 보통 사람들은 많은 일을 충실히 해낸다. 비록 그들은 칭송을 받지 못해도 사회에 꼭 필요한 존재이다.

하지만 그에게는 자긍심이 있었습니다.

존경심은 다른 사람의 평가가 아니라, 자기 자신을 어떻게 느끼는 지에서부터 시작됩니다.

존경심은 자기 자신이 누구인지 알고 자신을 사랑하며 인정하는 일에서부터 시작됩니다.

사람은 누구나 한 개인으로서 또한 건설적인 시민으로서 존경받을 가치가 있습니다. 누구나 말입니다. 물론 문제가 있는 사람도 있고 결점이 있는 사람도 있습니다. 게으르고 믿을 수 없고 일을 안 하는 사람도 있습니다.

하지만 지금 이 시간에도 직장 혹은 사업장에서 열심히 일하는 사람들을 생각해 보십시오. 하루에 직장으로 출근하는 사람들은 미국만 해도 125,000,000명이 넘습니다. 대부분의 사람들은 매일 아침 일찍 일어나 일을 시작하는 것입니다.

우리 사회를 움직이는 원동력은 바로 그러한 사람들입니다. 그들이 없다면 우리 사회는 엉망이 될 것입니다.

나는 오랫동안 무엇이 좋은 지도자를 만들고
또한 어떤 성격이 효율적인 사람을 만드는지에
대해 깊이 생각해 왔습니다. 그리고 지도자가 갖
춰야 할 자질 중 가장 중요한 것은 바로 '다른
사람에 대한 존경심'이라는 결론을 얻었습니다.

회사의 구성원을 생각해 보십시오. 그 회사에
서 중요한 인물이 과연 경영자 한 사람뿐일까요?
아닙니다. 모든 직원 그리고 고객들도 무척 중요
한 존재이고 존중받아야 합니다. 그리고 그 사람
들에게서 존경받지 못한다면 지도자라 할 수 없
지요.

"주는 대로 받는다"

이 말처럼 존경심은 상호적인 것입니다. 다시
말해 존경을 받고 싶다면 다른 사람을 존경해야
합니다. 다른 사람에게 존경심을 표시하지 않으면
존경받을 수 없습니다.

사람들은 여러분이 자신을 인정해 주고 존경

하는지 아니면 그렇지 않은지를 금방 알아차립니다. 상대방을 무시하고 경멸하는 마음은 숨길 수가 없습니다. 그것은 본능적인 것으로 비록 입 밖으로 표현하지 않아도 여러분의 태도를 보고 알아차릴 수 있는 것입니다.

존경심은 요구한다고 얻어지는 것이 아닙니다. 그냥 얻어지는 것입니다.

몇 년 전, 암웨이사에서 실적이 뛰어난 회원들과 엔터프라이즈호를 타고 일주일 동안 함께 지낸 적이 있습니다. 그 당시 선장은 새로 온 분이었는데, 나에게 와서 승무원들이 자신을 존경하지 않는다고 말하더군요. 그래서 나는 존경심은 요구한다고 얻어지는 것이 아니라고 말해주었습니다.

하지만 일주일 내내 선장을 지켜보면서 그가 내 말뜻을 잘 이해하지 못했다는 것을 확실히 알 수 있었습니다. 그는 자신이 존경받기를 원하면서도 정작 자신은 다른 사람들 즉, 승무원들을 존중해주지 않았던 것입니다. 결국 그는 우리와 함께 오랫동안 일할 수 없었습니다.

사실 나는 강연요청을 많이 받는 편인데, 최근의 어느 강연에서 이런 말로 시작한 적이 있습니다.

"저는 자비에 의해 구원받은 죄인입니다."

사회적 지위와 부를 중요시하는 사회에서는 우리 모두가 신의 기준에 못 미치는 존재라는 사실을 깨닫는 것이 무엇보다 중요합니다. 자신이 도덕적으로 우위에 있다고 생각하면 절대로 다른 사람을 존경할 수 없습니다.

잊지 마십시오!

그리스도는 자기 자신만을 존중하는 종교 위선자들을 위해 혹독한 비판도 받아들이셨습니다.

여러분이 자주 만나는 사람들 즉 가족, 친구,

절친한 친구인 리치 디보스와 제이 밴 앤델은 항상 서로를 깊이 존경해 왔다.

고객, 동료들을 생각
해 보십시오. 그들은
모두 저마다의 독특
하고 특별한 방법으

> 존경심은 요구한다고 얻어
> 지는 것이 아니다. 그냥 얻
> 어지는 것이다.

로 여러분의 삶에 영향을 미치고 있습니다. 그 중
에서 여러분이 그들의 직업과 성격 때문에 자신
들을 존경하고 있다는 사실을 알고 있는 사람은
얼마나 될까요? 혹시 여러분은 그들을 존경하고
있고 또한 필요로 한다고 말해본 적이 있습니까?

그렇게 말하십시오.

표현하십시오.

그들이 당연히 받아야 할 존경심을 표하십시오.

그들에 대한 존경을 확실히 보여주십시오.

세상을 움직이는 힘은 존경심입니다.

세상에서 가장 강력한 힘 중 하나는
자기 자신을 믿고 희망에 도전하며
목표를 높이 세우고 자신감에
가득 차 인생에서 원하는 바를
추구하는 사람들의 의지입니다.

– 리치 디보스 –

Lesson 6

ACCOUNTABILITY

책임감

누구에게나 책임을 져야 하는 대상이 있다.

– 리치 디보스 –

리치 디보스는 아내 헬렌을 믿으며 그 역시 가족들
에게 있어 가장 믿음직한 가장이다.

여섯 번째 교훈
책임감

❧

책임감의 역사는 에덴동산의 시절까지 거슬러 올라갑니다. 아담과 이브가 선악과를 따먹었을 때, 그 두 사람은 서로에게 책임을 전가하려 했던 것입니다. 아담은 이브를 탓했고 이브는 뱀에게 책임을 돌렸습니다. 하지만 그날이 다 가기 전에 두 사람은 서로의 행동에 대해 책임을 느꼈습니다.

그들이 변명을 늘어놓는 내용을 읽다보면 저절로 웃음이 나옵니다. 아담과 이브가 잡혔을 때, 두 사람의 대답은 안쓰러울 정도였습니다.

"이브가 그렇게 하라고 시켰습니다."

"모두 뱀의 잘못이에요!"

하지만 우리에게는 크게 웃을 자격이 없습니다. 우리 역시 너무도 쉽게 다른 사람을 탓하니까요.

신은 우리에게 자유의지를 주셨습니다. 그렇기 때문에 우리는 선택을 할 수 있습니다. 하지만 동시에 그 선택에 대해 책임질 줄도 알아야 합니다.

누구에게나 책임을 져야 하는 대상이 있다는 것을 부정할 사람은 없을 것입니다. 그리고 책임감은 사회를 하나로 결합시키는 접착제와 같습니다.

책임감은 우리가 서로에게 어떻게 행동해야 하는가를 알려주는 사회적 계약입니다. 적어도 이론상으로는 그렇습니다. 하지만 실제로 그러한 사회적 계약은 실체가 있기도 하고 또한 없기도 합니다. 실체가 있는 계약은 나라의 법입니다. 그리고 그보다 훨씬 더 중요한 실체가 없는 계약은 개인의 가치 즉, 책임감에 따라 결정됩니다.

책임감은 사람들이 특정한 규칙을 믿으며 하루하루를 살아가는 과정에서 나옵니다.

책임감은 겉으로 나타나는 행동에 대한 내적인 약속입니다.

20세기 중반까지만 해도 모든 사람들

> 최악의 환경이나 힘들고 고된 삶터에서도 참으로 많은 사람들이 옳은 결정을 내리고 스스로 책임질 줄 알며 목표를 성취하고 있다.

은 자신의 일에 책임지는 것을 당연하게 여겼으며 좋은 행동은 보상을 받고 나쁜 행동은 벌을 받는다고 생각했습니다. 그러한 생각은 매우 확고하였으며 심각한 도전을 받은 적도 없었습니다.

하지만 요즘에는 여러 면에서 책임감에 대한 사람들의 의식이 그 빛을 잃어가고 있습니다. 또한 몇 몇 문화 비평가들은 우리로 하여금 자신의 행동에 진정으로 책임지는 사람은 아무도 없으며 인간은 사회적 힘의 산물이라 믿도록 유도하고 있습니다.

물론 많은 사람들이 책임있는 행동을 하는데 있어서 종종 높은 벽에 부딪치는 것은 사실입니

다. 실제로 우리의 삶이 늘 평탄한 것만은 아니
죠. 그리고 힘겨운 환경에서 살다보면 커다란 유
혹이나 더 큰 장벽에 부딪칠 수도 있습니다. 또한
인생에서 성공을 쟁취하기 위해서는 다른 사람보
다 더 높이 올라가야 한다고 믿는 사람이 있다는
사실 역시 부정하지 않습니다.

그렇다고 열악한 환경에 놓여 있는 사람들은
행동에 책임질 필요가 없다고 주장한다면, 우리는
그들에게 참된 선택의 자유가 없다고 가정해야만
합니다. 하지만 그것은 사실이 아닙니다. 선택권
은 누구에게나 주어지는 것이니까요.

어떤 사람들에게는 선택
권은 물론이고 자유의지도
없다고 주장한다면 그것은
그들의 행동에 대한 책임감
을 없애버리는 일입니다. 그
것은 그런 사람들을 사회에
의해 프로그램된 로봇으로

격하시키는 일이며 그러한 환경에서도 성공한 사람들을 무시하는 일입니다.

사실, 최악의 환경이나 힘들고 고된 삶터에서도 참으로 많은 사람들이 옳은 결정을 내리고 스스로 책임질 줄 알며 목표를 성취하고 있습니다.

사람들은 인형에 지나지 않고 사회환경은 그 조종줄이라는 생각은 너무 편협한 사고방식입니다. 그것은 어떤 사람들은 지혜와 힘을 갖고 태어나 자신의 인생을 통제할 수 있지만, 또 다른 사람들은 너무 나약하거나 무식해서 현명한 선택을 내릴 수 없기 때문에 사회에 의해 조종당하는 존재라는 뜻이니까요.

우리의 현실을 돌아보십시오.

이른바 '속죄양 놀음'이 일종의 국가적인 오락거리가 되어버린 지 오래입니다. 교육제도, 형법제도, 정부 기관, 대기업 등이 모두 우리의 속죄양입니다. 불행히도 우리는 신께 속죄양을 바쳤던 고대 유대교의 전통을 지금까지 이어오고 있는 것입니다. 그리고 실제로 우리의 머리속에는 그 생각이 깊이 박혀 있습니다.

고대 유대인들에게 있어 '속죄 일'은 자신들의 죄를 깨끗이 씻는 날이자 모든 사람들이 자기를 반성하고 죄를 참회하는 날이었습니다. 그리고 가장 낮은 신분인 양치기 소년에서부터 왕에 이르기까지 모든 사람들이 속죄 일을 지켰습니다. 위대한 고위 성직자들까지도 공식적인 임무를 수행하기 전에 자신과 가족의 죄를 참회해야 했습니다. 그런 다음 성직자는 공식적인 행사장에 나가 모든 사람들의 죄를 대표하는 속죄 제물인 염소의 목에 주홍색 줄을 묶었습니다. 그리고 염소를 도시의 성문 밖으로 내보냈습니다. 사람들의 죄를 야생으로 돌려보내는 상징적인 행사였죠.

결국 속죄양은 다른 사람에게 죄를 전가하는 편리한 도구가 아니라 개인적 책임감의 상징물이었던 것입니다. 고대 유대교의 전통은 개인과 나라의 잘못에 대한 참회였고 책임감을 인정하는 것이었습니다.

그렇다고 우리가 다시 그 행사를 치러야 한다고 주장하는 것은 아닙니다. 다만, 속죄 일이 의미하는 참다운 뜻을 지켜야 함을 말하고 싶을 뿐입니다.

속죄양의 전통은 참회와 용서에 대한 것이었습니다. 사람은 누구나 자기 자신과 상대의 행동에 대해 책임을 져야 합니다. 행동에 대해 전적으로 책임질 줄 알아야 잘못에 대한 짐을 벗고 앞으로 나아갈 수 있는 것입니다.

최근 몇 년 동안 나는 스포츠 세계에서 그러한 책임감을 목격하였습니다. 어렵고 고통스러운 순간을 극복하고 명예와 부를 거머쥔 농구스타의 강한 책임감을 보았던 것입니다.

올란도 매직팀과 미라클팀의 선수들 중에는 홀어머니 밑에서 자라난 사람들이 많습니다. 하지만 그들의 어머니는 자녀에게 최선을 다하라고 가르쳤습니다. 그리고 선수들 중의 한 명은 학교

에서 전과목 A를 받지 못하면 농구를 할 수 없
는 처지에 놓여 있었습니다. 그의 어머니가 어떻
게 했는지 아십니까? 그녀는 아들에게 책임감을
심어주었습니다. 아들에게 그만한 능력이 있다는
것을 확신했던 것이죠. 결국 그는 전과목 A를 받
고 미국의 10대 대학 중 한 곳에서 장학금을 받
게 되었습니다. 그리고 지금은 졸업을 하여 프로
농구 선수로 뛰고 있습니다.

'책임감'이라고 하는 것은 책임을 회피하는 것
이 아니라 그것을 당연하게 받아들이는 것입니다.
하지만 우리는 불행하게도 국가의 지도자들이 현
행범으로 잡혔을 때에도 죄를 인정하지 않고 회
피하는 시대에 살고 있습니다.

우리는 보통 죄를 고백하기보다는 덮어두는
쪽을 선택합니다. 사실을 있는 그대로 이야기하는
대신, 나쁜 상황을 완곡한 표현을 이용하여 그럴
듯하게 포장하는 것입니다. 특히 정당의 대변인들
은 책임감을 회피하는 일이 그들의 본업인 것처

럼 보입니다.

책임감에는 세 가지 원칙이 있습니다.

첫째, 더 많은 것을 가질수록 책임감도 커진다.

둘째, 자유가 없다면 책임감도 없다.

셋째, 평가 없이는 책임감도 없다.

> 행동에 대해 전적으로 책임질 줄 알아야 잘못에 대한 짐을 벗고 앞으로 나아갈 수 있다. 여러분이 인생을 어떻게 생각하느냐에 따라 삶에 대한 느낌과 행동양식 그리고 다른 사람과의 관계가 결정된다.

하나하나 생각해 봅시다.

첫째, '더 많은 것을 가질수록 책임감도 커진다.'는 것은 본래의 의미를 잃어버리고 문화적 언어가 되어 버린 'talent'의 성서 구절을 보면 그 말뜻을 알 수 있습니다. 우리는 현재 'talent'를 개인이 가진 특별한 재능이라는 뜻으로 쓰고 있지만, 그리스도 시대에는 '달란트'라는 화폐단위로

쓰였습니다.

특히 우리는 "많이 맡은 자에게는 많이 달라
할 것이니라"라고 하는 그리스도의 설교를 진지
하게 생각해 보아야 합니다. 그리스도는 '부자에
게는 그 부를 사용할 책임이 있다'고 하셨습니다.
그러므로 부를 축적하는 것이 목표라면 그에 따
른 책임을 질 준비도 되어 있어야 합니다.

그렇다고 '돈'만이 재산을 뜻하는 것은 아닙니
다. 경제력, 성격, 지위, 기회 혹은 능력 그 모든
것이 포함됩니다. 그리고 가지고 있는 재산이 무
엇이든 우리는 그 재산을 올바르게 사용해야 합
니다. 그렇기 때문에 사회적 영향력을 갖고 있는
사람들은 모범을 보여야 할 책임이 있는 것입니
다. 특히 그들은 그 누구보다 시선을 많이 받고
관심의 초점이 되어 있으니까요.

더 나아가 위대한 지성을 가진 사람들은 공공
의 이익을 위해 재능을 써야 하고, 예술 분야의
천재들은 사람들에게 힘을 주고 가르쳐야 하는

특별한 책임이 있습니다. 사실, 우리 모두에게는 자신의 특별한 재능을 고귀한 목적에 써야 할 의무가 있습니다.

> 우리는 불행하게도 국가의 지도자들이 현행범으로 잡혔을 때에도 죄를 인정하지 않고 회피하는 시대에 살고 있다.

나는 누구나 한 가지 이상의 재능을 갖고 태어난다는 것을 굳게 믿습니다. 결국 'talent'에 대한 성서 구절은 누구한테나 적용되는 것입니다.

둘째, '자유가 없다면 책임감도 없다.'는 것을 생각해 봅시다. 책임감과 자유는 동전의 양면과 같은 것이어서 어느 한 쪽만을 취할 수는 없습니다. 나는 암웨이사의 대표로 있을 때, 일을 처리할 수 있는 권한을 주지 않으려면 굳이 생산공정을 책임지는 관리자를 데리고 있을 필요가 없다는 사실을 배웠습니다. 책임자에게 결정을 내릴 자유가 없다면 결과를 놓고 잘못을 탓할 수도 없는 것입니다.

사람들에게 책임감을 심어주면 때로는 모험을
하고 또한 실수할 수도 있는 자유로운 사회환경
을 만들 수 있습니다. 그리고 우리에게는 실패할
자유도 필요하고 또한 저 멀리까지 나아갈 수 있
는 자유도 필요합니다.

공산주의가 붕괴되기 전, 특히 베를린 장벽이
무너지고 소련이 없어지기 전에 공산주의 국가의
오만한 권력자들은 자신들의 책임감 결여를 자랑
이라도 하는 것처럼 보였습니다. 그들은 정부가
모든 사람들의 일자리를 보장하는 '평등'한 공산
주의 사회가 경쟁심 때문에 야기되는 힘든 중압감
을 덜어주었다고 주장했지만, 결과적으로 볼 때 공
산주의 정부의 보장은 별다른 효과가 없었습니다.

돈을 벌어들이는 회사를 효율적이고 정직하게
운영하는 일에 대해 아무도 책임을 지지 않는 경제
체계는 처음부터 실패할 운명을 지고 있는 것이나
다름없습니다.

결국, 경쟁의 자유가 없고 선택의 자유도 없었기에 공산주의 국가는 도덕적으로 그리고 재정적으로 파산하고 말았습니다.

셋째, '평가 없이는 책임감도 없다.'는 것은 객관적인 평가 없이는 책임감을 논하기가 힘들다는 것을 의미합니다. 우리는 모두 자신의 행위를 평가받을 필요가 있습니다. 나는 암웨이에서 일하는 동안 특권을 아니, 축복을 받았습니다. 왜냐하면 나를 사랑하고 진실을 말해주었던 제이 같은 동업자가 있었기 때문입니다.

나는 늘 사업적 결정에 대한 그의 평가를 중요하게 생각했습니다. 아마 그의 평가가 없었다면 나는 더 많은 실수를 했을 것입니다. 그리고 나 자신도 그에게 똑같

> 사람들에게 책임감을 심어주면 때로는 모험을 하고 또한 실수할 수도 있는 자유로운 사회환경을 만들 수 있다.

은 일을 해주었습니다. 결국 우리는 서로를 의지
한 셈입니다. 왜냐하면 자기 자신의 행동을 객관
적으로 볼 수 있는 사람은 없다는 것을 두 사람
모두 잘 알고 있었기 때문이죠.

'평가'에는 여러 가지 방법이 있습니다. 학교에
서 선생님은 학생들을 테스트하여 그 결과와 행
동을 보고 발전과정을 평가합니다. 물론 사람의
개성은 각자 다르기 때문에 그러한 평가가 항상
공정하다고 할 수는 없습니다. 하지만 그러한 평
가기준이 없으면 학생들은 별다른 노력을 기울이
지 않을 것입니다.

리치 디보스의 저서 「더불어 사는 자본주
의」는 전세계적으로 수많은 사람들이 모
범으로 삼는 책이 되었다.

공정한 평가제도는 열심히 하면 보상을 받는
다는 의욕을 갖게 해줍니다. 반면, 규칙적인 평가
가 없으면 열심히 공부하거나 일하는 사람들은
공부나 일을 싫어하는 사람보다 앞서 나갈 이유
를 찾지 못하기 때문에 그들과 나란히 뛰고자 합
니다. 그러면 발전이 없는 것입니다.

그리고 평가에 대한 중압감을 덜어주기 위해
사람들에게 특혜를 주면 안 됩니다. 왜냐하면 자
발적이든 필요에 의해서든 평가는 능력을 개발하
는 데 있어서 중추적인 역할을 하기 때문입니다.
제이와 내가 암웨이를 창립했을 때는 6개월에 한
번씩 평가과정을 거쳤습니다. 직원들은 월급인상
뿐만 아니라 자신의 목표와 희망을 인정받기 위
해 평가를 받았던 것입니다.

물론 평가결과가 나쁘다고 하여 죄인 취급을
해서는 안 됩니다. 다만 그 결과를 바탕으로 그
사람의 진정한 재능과 능력을 발견하도록 해야
합니다. 어쩌면 한 가지 일에 실패하여 다른 일을

시도할 필요성을 깨닫게 될 지도 모릅니다.

화가 제임스 휘슬러는 웨스트포인트 사관학교 시절을 회고하며 화학시험에서 낙제했을 때를 이렇게 말하고 있습니다.

"만약 '실리콘은 기체다'라고 쓴 답이 맞았다면, 저는 육군소장이 되었을 것입니다."

그가 화학시험에서 낙제하지 않았다면 그는 위대한 화가가 아니라, 평범한 군인이 됐을지도 모릅니다.

누구에게나 책임져야 할 대상이 있습니다. 그 책임감을 자신이 가고 싶은 곳에 이르는 촉진제로 이용하십시오.

리치 디보스와 제이 밴 앤델은 1959년에 그들의 집 지하실에서 암웨이사를 창립했고, 1960년에는 미시건주 에이다에 있는 주유소를 사들여 새로운 본사로 삼았다.

오늘날 암웨이사는 수 십 억 달러의 자산을 가진 다국적 기업체이며 미국 미시건주 에이다에 있는 본사는 1.6킬로미터가 넘는 대규모 단지로 구성되어 있다.

Lesson 7

FAMILY

가족

강한 가족은….
필요하다면 가정을 위해 평생을
기꺼이 바칠 각오가 되어 있는
부모에 의해 만들어진다.

- 리치 디보스 -

리치 디보스는 부모인 에텔과 사이먼, 누이 버니와 안으로
이루어진 화목한 가정에서 자랐다.

일곱 번째 교훈
가족

❀

경제적으로 그다지 윤택한 생활을 한 것은 아니었지만, 어렸을 때를 돌이켜 생각하면 따뜻한 기억들이 많이 떠오릅니다. 어려운 문제가 생길 때마다 우리 가족은 힘을 합쳐 그것을 이겨냈고 집에는 항상 사랑이 넘쳐흘렀습니다. 그리고 가정이라는 울타리 속에서 나는 어려운 일이 생겼을 때에도 사랑을 받지 못한다거나 혼자라는 느낌은 한 번도 가져본 적이 없었습니다.

뒤돌아보면 내가 한 인간으로 성장하는데 있어서 우리 가족이 얼마나 중요한 역할을 했는지 분

명히 알 수 있습니다. 그리고 훗날 사업에서 성공
할 수 있었던 것은 '판매'에 대한 나의 관심도 한
몫을 톡톡히 했습니다.

　나는 어렸을 때, 할아버지께 물건을 파는 일에
대해 배웠습니다. 그리고 아버지께는 기업가 정신
에 대해 배웠습니다. 아버지는 전기기사였는데 열
심히 일하셨고 어느 누구보다 정직하셨습니다. 하
지만 자기 사업체를 가져본 적이 없다는 사실 때
문에 평생동안 좌절감에 시달려야 했습니다. 그렇
기 때문에 나의 삶에 커다란 영향을 미쳤던 충고
를 늘 해주시곤 했죠.

　"무엇이든 네 사업을 하거라."

　아버지는 겨우 쉰 아홉이라는 나이로 아쉽게
돌아가셨지만, 내가 성공하는 모습을 볼 수 있었
습니다. 그리고 돌아가시기 전에 아버지는 다시
한 번 이렇게 말씀하셨습니다.

　"네 사업은 다른 사람들에 대한 정직함과 공

정함을 바탕으로 하여 세워졌다는 사실을 잊으면
안 된다."

나는 그 충고를 평생 간직하며 살았습니다.

가정은 사랑과 책임감을 배우는 곳이며 더불
어 인생관이 대를 이어 물려지는 곳입니다. 신에
대한 나의 믿음은 가족 모두 저녁 식탁에 둘러앉
아 신의 선물에 감사하는 기도를 드리는 일에서
시작되었습니다.

요즘 우리가 자주 듣게 되는 단어 중의 하나가
바로 '멋진 인생'이라는 것입니다. 그렇다면 멋진
인생이란 과연 무엇일까요? 억압과 두려움에서 해
방된 삶일까요? 아니면 민주적 자본주의일까요?
어쩌면 앞에 나열한 모든 것이 멋진 인생의 구성
요소일지도 모릅니다. 하지만 그 모든 것이 갖춰져
있어도 건실하고 사랑이 넘치는 가족이 없으면 아
무런 의미도 없습니다. 민주주의의 근본이자 멋진
인생의 기초는 바로 '가족'입니다.

이상적인 사회를 만드는 구성요소를 그 중요
도에 따라 적어야 한다면 나는 가장 먼저 가족을
써넣을 것입니다. 정부기관, 자유시장 경제, 좋은
교육기관, 교회 등 그 모든 것의 생존여부는 건강
한 가족에게 달려 있습니다. 왜냐하면 가정은 인간
존재의 기본이기 때문입니다.

아무리 사회가 변하고 정치 이념이 바뀌어도
가정의 가치를 진부하게 만들 수는 없습니다. 그
런데 요즘 들어 세상이 점점 더 복잡해지고 세분

민주주의의 근본이자 멋진
인생의 기초는 바로 가족
이다.

화되면서 가족의 존
재가 커다란 압력을
받고 있습니다.

하지만 잊지 마십
시오. 개인으로서 사회의 구성원으로서 우리가 배
우자와 아이들에 대한 의무를 다시 확인하지 않
는다면 엄청난 대가를 치르게 될 것입니다.

건강한 가족을 만드는 것은 구성원 모두의 공

동책임입니다. 그러므로 가족의 구성원들은 서로에게 그리고 특정한 가치 즉, 신에 대한 믿음에 대해 책임을 다해야 합니다. 그렇지 못하면 부정적인 결과를 초래할 수 있습니다. 이미 우리는 그 사회적 결과를 보고 있습니다.

아이들에게 무관심하고 학대하는 부모, 이혼, 붕괴된 가정, 마약이나 알코올 중독자, 낙오자, 도덕심이 없는 사람, 폭력적인 아이들…. 이 모든 것이 부정적 결과물입니다. 특히 정신적 가치에 대한 기반이 없으면 아이들은 힘들고 고통스런 시간을 헤쳐나갈 힘을 얻을 수 없습니다.

다른 부모들처럼 헬렌과 나 역시 실수를 해왔고 장애물에 부딪치기도 했습니다. 하지만 우리는 늘 아이들을 사랑했고 적절한 시기가 되면 애정 어린 모습으로 아이들에게 인생관을 가르쳤습니다. 만약 우리가 아이들에게 신에 대한 믿음을 가르치지 않았다면 다른 누군가가 그 일을 해야 했을 것입니다. 하지만 우리는 다른 누군가가 우리 아이들을 가르치길 원치 않았습니다. 그리하여 우리는 소극적인 부모 노릇을 피했습니다.

사람들은 흔히 '말보다 행동이 중요하다'고 말합니다. 그렇지만 부모가 아무 말도 하지 않아도 아이들이 부모의 행동을 보고 배울 것이라 생각하는 것은 잘못된 것입니다.

물론 행동은 중요합니다. 말을 행동으로 옮기지 않으면 위선자가 되니까요. 하지만 모범을 보이는 것만으로는 부족합니다. 아이들은 부모가 왜 그런 행동을 하는지를 알아야 합니다. 그러므로 부모는 아무리 일이 많아도 혹은 아무리 힘들어도 아이들과 많은 대화를 나눠야 합니다.

리치 디보스는 조부모에게서 신에 대한 굳은 믿음과 힘든 일에 대한 애정을 물려받았다.

"너무 바빠서 가족들과 함께 할 시간이 없다면 당신은 지나치게 바쁜 것이다"라는 말이 있습니다. 이것은 사실입니다.

인생에는 다른 사람에게 위임할 수 없는 몇 가지 임무가 있는데, 부모 노릇도 그 중의 하나입니다. 가족들과 알찬 시간을 함께 보내고 기회가 있을 때 아이들에게 마음을 활짝 열어 보이며 아이들의 노력에 대해 애정 어린 관심을 보여줄 수 있는 사람은 부모입니다.

우리 회사에서 수석 조종사로 일하던 사람이 있었습니다. 그는 비록 많은 시간을 밖에서 보내기는 했지만 집에 돌아가면 무척 가정적이고 좋은 아버지였습니다. 그는 절대로 TV 앞에서만 매달려 있거나 서재에 들어가 몸을 파묻지 않았습니다. 일단 집에 돌아가면 아이들과 함께 놀아주고 아이들에게 관심을 기울였으며 주말에도 골프장에서 보내는 일은 없었습니다.

우리 아이들이 아직 어렸을 때, 헬렌과 나는
정직과 공정함, 자제력 같은 보편적인 가치와 그
런 가치를 일상생활에 어떻게 적용해야 하는지를
가르쳤습니다. 사실, 아이들은 이론과 실제를 잘
연결시키지 못하기 때문에 그 두 가지를 연결시
켜 가르치는 일이 무엇보다 중요합니다.

지금은 우리의 아이들이 어떤 식으로든 우리
사업에 관여하고 있지만, 아무도 사장의 자녀라는
이유만으로 중역의 자리에 오른 아이는 없습니다.

가족 소유의 기업을 운영하는데 있어서 가장
힘든 일 중의 하나는 어떤 방법으로 사업체를 다
음 세대에게 물려주느냐 하는 것입니다. 왜냐하면
다음 세대로 넘어가면서 기본적인 가치관이 사라
지는 경우가 많기 때문입니다. 제이와 나는 그런
일이 일어나는 것을 원치 않았기 때문에 아이들
에게 회사의 말단직부터 시작하여 그 책임을 다
하도록 지도했습니다.

나의 맏아들 딕은 열 두 살 때 여름방학 동안

우리 회사에서 일을 한 적이 있습니다. 당시 그 아이는 잡초를 뽑고 땅을 고르는 일을 하여 시간당 35센트를 벌었습니다. 그 후 여러 해 동안 다양한 부서에서 많은 일을 했는데, 한 번은 바퀴가 18개나 달린 차를 몰았다고 자랑스럽게 말한 적도 있습니다.

그리고 그 밑의 아이들 댄, 체리, 더그도 적당한 나이가 되면 회사에서 아르바이트를 시켰습니다. 아이들은 모두 기본적인 여러 가지 일을 했는데, 그 때마다 나는 아이들이 성취한 일에 따라 평가받기를 원했습니다.

대를 이어 내려온 믿음에 감사하며 리치 디보스가 손자 릭의 돌날 즐거운 한때를 보내고 있다.

가족들과 알찬 시간을 함께 보내고 기회가 있을 때 아이들에게 마음을 활짝 열어 보이며 아이들의 노력에 대해 애정 어린 관심을 보여줄 수 있는 사람은 부모이다

우리 아이들은 견습사원 시절을 통해 우리 회사를 성공시키기 위해 모든 사람들이 얼마나 힘들고 오랜 시간동안 일을 하는지 배웠습니다. 그리고 아이들은 동료들과 함께 무거운 짐은 물론이고 기쁨을 함께 나누고 이야기를 나누며 더 많은 것을 알게 되었습니다. 결국 견습사원으로부터 출발한 나의 아이들은 그러한 경험을 통해 회사경영 방식뿐만 아니라 회사의 가치까지 알게 되었던 것입니다.

가족의 가치와 기업의 가치는 다를 것이 없습니다. 그리고 기업은 가정을 중요하게 생각해야 합니다. 가정의 가치를 중요하게 생각한 제이와 나는 처음부터 우리 회사의 핵심을 이루는 판매책임자 가족을 비롯하여 모든 암웨이 가족들의

화목을 증진시키기 위해 최선을 다했습니다. 그리
고 그 일은 지금도 변함없이 지속되고 있습니다.

　직접판매방식은 남편과 아내 그리고 아이들까
지 함께 할 수 있는 일입니다. 하지만 제이와 나
는 처음부터 '우리 회사는 가족이 모두 참여하는
기업이 될 거야'라고 단정한 적이 없습니다. 다만,
신에 대한 믿음과 가족들에 대한 사랑 덕분에 자연
스럽게 회사가 가족적인 분위기로 변한 것입니다.

　의도적인 것은 아니었지만 어느 사이에 점점
가족중심의 가치관이 우리 회사의 핵심적인 특성
이 되어 버렸습니다. 그리고 한동안 우리는 가족
의 참여를 권장하는 구체적인 정책과 전통을 적
극 발전시켰습니다.

　그렇다고 모든 부
모들이 아이들을 키
우면서 맞닥뜨리게
되는 문제에 대하여

> 가족의 가치와 기업의 가치
> 는 다를 것이 없다. 그리고
> 기업은 가정을 중요하게 생
> 각해야 한다.

해답을 갖고 있다는 것은 아닙니다. 아이들과 관

련된 문제는 때로 시간이 해결해 줄 경우도 있고
혹은 즉흥적으로 해결되기도 합니다. 그리고 얼마
동안은 아무런 조치도 취하지 않고 그냥 내버려
두어야 하는 경우도 있죠.

어쨌든 우리는 언제 강해져야 하고 언제 능동
적이 되어야 하며 또한 언제 함께 울고 웃어야
하는지를 알아야 합니다. 그리고 최선을 다한 후
의 결과는 신에게 맡기고 이 세상 그 무엇보다
소중한 가족에게 감사하십시오.

리치 디보스의 아버지는 쉰 아홉의
나이로 갑자기 세상을 떠났지만 어
머니 에텔은 여전히 가족들의 구심
점 역할을 하고 있다.

디보스 가족은 윈드퀘스트호를 타고 함께 항해를 하며 특별한 시간을 즐긴다.

Lesson 8

FREEDOM
자유

나는 우리의 삶이 많은
'네'와 적은 '아니오'로
이루어져 있다고 믿는다.

– 리치 디보스 –

리치 디보스는 인생에
필요한 책임감과 규율을
군대에서 배웠다고 생각
한다.

여덟 번째 교훈
자유

✤

어느 날, 한 남자가 살고 있던 집을 팔고 더 좋은 집을 사기로 마음먹었습니다. 그리하여 그 남자는 부동산중개인에게 전화를 하여 집을 내놓겠다고 말했습니다. 전화를 받은 부동산중개인은 지방신문에 그 집의 특징을 적어 광고를 냈고, 다음 날 그 남자는 그 광고를 읽고 또 읽었습니다.

그런 다음 부동산중개인에게 전화를 걸어 이렇게 말했습니다.

"집을 팔지 않겠습니다."

"아니, 왜 그러세요?"

부동산중개인이 놀라서 물었습니다.

"제가 항상 원했던 그런 집에서 이미 살고 있다는 사실을 방금 깨달았기 때문입니다."

우리는 너무나 많은 것을 당연하게 생각합니다. 그렇지 않습니까? 그리고 우리들 대부분이 가장 당연하게 생각하는 것 중의 하나가 바로 '자유'입니다.

물론 많은 사람들이 자본주의와 그 산물인 높은 생활수준을 고맙게 생각하기는 하지만, 국기를 흔들거나 진심에서 우러나온 애국주의에는 무관심한 경우가 더 많습니다. 그들은 자기 만족에 빠져 자유를 위해 싸우다 죽어간 조상들과 대공황 속에서 고통받고 살았던 사람들 그리고 자본주의와 공산주의의 팽팽한 대치상황을 견뎌야 했던 조상들을 모두 잊었습니다.

그러한 자기 만족은 비관주의와 냉소주의를 낳게 만듭니다. 그렇기 때문에 오늘날 우리는 가난, 범죄, 알코올 중독, 이혼, 낙태 등을 비난하는 사회비평가들의 소리를 귀가 따가울 정도로 듣는 것인지도 모릅니다. 또한 정치상황을 비꼬는 전문가들의 목소리도 수없이 듣습니다.

물론 우리에게는 해결해야 할 문제들이 수없이 쌓여 있습니다. 그렇다면 우리의 '가치'에 대해 생각해 봅시다. 우리가 그것을 결점으로 판단해야 할까요? 아니면, 장점으로 판단해야 할까요?

다행스럽게도 아직은 나라를 걱정하

많은 사람들이 자본주의와 그 산물인 높은 생활수준을 고맙게 생각하기는 하지만, 국기를 흔들거나 진심에서 우러나온 애국주의에는 무관심한 경우가 더 많다.

는 사람들이 더 많습니다. 즉, 인간사회에서 불가
피하게 발생하는 불의와 불평등에 대한 경계심을
늦추지 않고 있는 것입니다. 그러한 양심 덕분에
비도덕적이고 불공정한 수많은 일들이 제자리를
찾아가고 있는 것인지도 모릅니다. 그렇지만 완벽
하지는 않습니다. 아니, 완벽한 사회는 없습니다.
하지만 양심의 소리는 거의 언제나 효과가 있습
니다.

오래 전, 공산주의와 사회주의 정당이 권력을 잡
았을 때 많은 미국인들이 자유시장 경제와 미국을
지탱해온 민주주의 제도에 대해 의문을 가진 적이

심장이식 수술을 성공적으로 마
치고 영국에서 귀국한 리치 디
보스의 환영식장에서 보이스카
웃 단원들이 그를 맞이하고 있
다.

있습니다.

'우리의 제도가 정말 공정한 것일까?'

'모든 사람들이 공평하게 혜택을 받고 있는 것일까?'

그 중에서 몇 몇 사람들은 부정적인 대답을 이끌어내고 사회주의적 유토피아를 주장했습니다. 그리고 몇 몇은 그 이념보다 '개혁'이라는 단어에 더 자극을 받았습니다. 그 기회를 틈타 좌익 급진세력이 나라의 불안을 가중시켰고 그들은 권력과 유혈혁명을 원했습니다.

1959년, 제이와 내가 암웨이를 창립했던 그 주에 피델 카스트로가 쿠바에서 정권을 잡았습니다. 물론 카스트로가 부패한 바티스타 정권을 무너뜨린 것은 의미가 크다고 볼 수 있지만, 결과적으로 볼 때에는 쿠바의 집권층이 우익 독재자로부터 좌익 독재자 손으로 넘어간 것에 지나지 않았습니다.

어쨌든 카스트로의 혁명은 남미대륙 전역에
영향을 미쳤고 많은 나라에서 비관주의의 물결이
거세게 몰아쳤습니다. 그 때, 사람들은 나에게
"자본주의가 무너졌다. 전세계적으로 자본주의가
무너지고 있다"라고 외쳤습니다.

그 당시 나는 추리 소설가 G. K. 체스터튼이
기독교에 대해 불공정하게 비평했던 말을 떠올렸
습니다.

"기독교의 이념은 시도된 적도 목표에 이른
적도 없다."

그리고 그것은 자본주의도 마찬가지였습니다.

한동안 급진주의자들은 물론이고 노조활동을
하는 사람들, 비록 소수이기는 했지만 지성인들까
지 소련과 쿠바를 거들었습니다. 심지어 일부 교
회 성직자들이 공산주의를 찬양하는 것을 보면서

나는 많이 혼란스러웠습니다. 그들이 서둘러 자본
주의의 결점을 찾으려 하자 자본주의의 수호자들
은 변명을 늘어놓으며 자본주의의 남용과 모순을
부인하고자 애썼습니다.

사실, 나는 그런 일을 이해할 수가 없었습니다.
그들이 자본주의의 단점을 꼬집으면서도 공산주
의의 편협함은 간과하는 이유를 이해하지 못한
것입니다.

1960년대가 되자, 소수의 세습 귀족들(조상들로
부터 물려받은 저택에 살고 자식들을 멋진 사립학
교에 보내는 사람들)이 자본주의를 공격하는 젊은
급진주의자들(신탁기금이 있고 명문대학 출신자
들)에게 파티를 열어주었습니다. 그들은 모두 자본
주의의 병폐에 해를 입지 않았던 사람들이었습니
다. 아니, 오히려 자본주의 덕분에 청구서 대금을

지불하며 호화롭게 살아왔다고 할 수 있습니다. 결론적으로 말하자면 그들은 '자본주의의 살아있는 모순'이었습니다.

이러한 모순이 널리 알려지면서 미국의 젊은 이들 사이에 불만의 소리가 높아졌습니다. 그 당시 고등학교와 대학에 입학한 베이비붐 세대들은 자신의 부모에 대해 의문을 갖기 시작했고, 베트남 전쟁, 민권운동, 환경운동, 여권신장 운동 등 수많은 일들이 미국을 끊임없는 혼란 속으로 몰아넣었습니다.

물론 양심과 싸우며 정직한 삶을 살고자 노력한 사람들도 있었겠지만, 대부분의 사람들은 그 상황을 자신의 이익을 위해 이용하였습니다. 그리고 어지러운 혼란 속에서 매를 맞는 것은 그런 논쟁을 가능하게 했던 자본주의였습니다.

어느 날, 래리 킹 라디오 쇼에 출연하고 있는

데 청취자 한 분이 전화를 걸어왔습니다.

"자본주의와 공산주의의 차이점이 뭡니까? 한 쪽은 국가의 노예고, 다른 쪽은 자본주의 돼지들의 노예잖아요. 어느 쪽이든 누군가의 노예 신세일 뿐이죠."

환멸과 절망으로 낙심하고 있는 그는 그 당시 미국을 휩쓸고 있던 불만계층의 전형적인 모습이었습니다. 시대적 혼란에 휩싸여 역사 의식이나 장기적인 전망을 전혀 느낄 수 없었던 것입니다. 그는 조상들이 이룩한 놀라운 업적을 잊고 있었을 뿐만 아니라 자기 자신이 소외되고 무기력하다고 느끼고 있었습니다.

하지만 나는 그의 절망감을 없애줄 수가 없었습니다.

결국 공산주의자들의 확신에 찬 주장도 인정할 수 없었고 자신의 꿈에 비협조적이었던 자본주의

에 대해서도 좋은 감정을 가질 수 없었던 그는 양
쪽 편 논쟁자들 모두에게 공격을 당했습니다. 아
마도 많은 사람들이 그들의 논쟁을 들으면서 긴장
감을 느꼈을 것입니다. 현실이 그랬으니까요.

　민주적 자본주의는 극좌파들에게 공격을 당하
고 극우파들로부터 어설픈 옹호를 받았으며 크게
성공한 자본주의자들로부터는 당연시되었습니다.
그리하여 그 중간에 낀 사람들은 무엇을 믿어야
할 지 모르고 우왕좌왕하게 되었죠.

　그들은 공산주의에 대해 별다른 매력을 느끼지
못했지만, 자본주의를 바탕으로 하는 나라의 장래
에 대해서도 걱정이 많았습니다. 결과적으로 비관
주의가 만연하게 되었고 그 속에서 사람들은 그
들이 갖고 있던 자유의 흔적마저 잃어버렸습니다.

　그래서 나는 '미국 팔기'라는 강연을 시작하게
되었습니다. 그것은 민주적 자본주의자를 비평하

는 사람들에게 전하는 메시지였는데, 1960년대 내
내 나는 전국을 돌아다니며 그 강연을 했습니다.
물론 그 강연의 목적은 아직도 미국에 남아 있는
자유와 기회의 바람을 사람들에게 상기시켜 주는
것이었습니다.

그 당시 젊고 열정에 넘쳤으며 성공을 위한
기회에 감사하고 있던 나는, 자본주의가 미국을
강하게 만들었고 세계 최고의 경제대국이 되게
하였으며 여가와 자기비판의 자유 그리고 꿈을
이룰 수 있는 기회를 주었음을 미국인들에게 상
기시켜 주고 싶었습니다.

지금 생각해도 그 강연의 결과는 매우 놀라운
것이었습니다. 나의 낙천주의가 옳다는 사실이 완
벽하게 밝혀졌던 것입니다. 지금은 공산주의나 사
회주의를 찬양하는 사람들을 찾아보기가 힘듭니다.

요즘의 미국은 역사상 그 어느 때보다도 좋은 시절을 누리고 있습니다. 경제는 낙관적인 예측 이상으로 성장하고 있고 주식시장은 전례없이 호황을 누리고 있습니다. 또한 실업률은 사상 최저치를 기록하고 있고 1970년대 말에 20%까지 폭등했던 물가가 지금은 거의 밑바닥까지 내려갔습니다. 게다가 새로운 일자리, 새로운 기업체, 새로운 산업이 계속 탄생하고 있습니다.

나는 미국이 일궈낸 경제성장에 감사하고 내 기업체의 성공에도 감사합니다. 그리고 다른 나라들 역시 자신의 길을 찾고 국민들이 꿈을 깨달을 수 있는 자유경제체제를 이루게 되기를 바랍니다.

나는 신중한 낙천주의자입니다.

40년 전, 사람들은 삶에 대한 불안감을 느끼며 자기 반성을 했습니다. 하지만 요즘 우리는 너무나 많은 것을 당연하게 받아들이고 있습니다. 자

유가 제공해 주는 특권과 기회에 너무나 익숙해
진 나머지 그런 이득을 당연하게 여기는 사람이
있는 것입니다.

우리의 기억력은 한계가 뚜렷하고 많은 사람들
이 버릇없는 상속자처럼 무례하게 굴고 있습니다.
그리하여 자본주의가 제공하는 기회를 지키기 위해
꾸준히 노력하기보다는 그 산물을 당연한 것처럼
누리려고만 합니다. 우리는 지금 너무 많은 것을
의지하려고만 하며 정부에게 투정을 부리고 많은
문제해결을 기대하고 있습니다.

이제는 그것을 깨
달을 때가 되었습니
다. 즉, 모든 세대들
이 자본주의 제도가
안겨준 권리와 특권

> 모든 세대들이 자본주의제
> 도가 안겨준 권리와 특권을
> 깨닫는 법을 다시 배워야 한
> 다.

을 깨닫는 법을 다시 배워야 하는 것입니다.

나는 손자들을 보면서 자주 그런 생각을 합니다. 어느 날, 내 손자 중의 한 녀석이 장난감을 놓고 싸우면서 이렇게 말하더군요.

"그건 내 거야!"

소유욕이라고 하는 것은 사람의 근본적인 본능입니다. 그리고 그 녀석들이 조금 더 성장하자 이렇게 말했습니다.

"내가 할거야!"

그것은 신발 끈을 매는 것처럼 단순한 일은 혼자서 할 수 있다는 '능력에 대한 믿음'을 의미합니다. 그렇게 스스로 일을 하고 나서 이렇게 말하더군요.

"할아버지, 저 좀 보세요!"

아이들은 자기가 해낸 일에 대해 인정받고 칭찬받고 싶어합니다.

자본주의는 사람들이 어떻게 이용하느냐에 따라 도덕적이 될 수도 있고 비도덕적으로 될 수도 있습니다.

하지만 지금 많은 사람들이 다른 사람을 이용하고 욕심을 부리며 과소비의 늪에 빠져 있고 가족이나 나라 그리고 신에 대한 책임을 회피하는 위험을 무릅쓰며 살아가고 있습니다.

그 모든 것은 우리 모두가 배워서 이겨내야 할 위험입니다. 자유라고 하는 것은 결코 공짜로 주어지는 선물이 아닙니다. 자유를 지키려면 그만큼 노력해야 하는 것입니다.

사실, 얼마간의 양심을 지니고 사는 사람들은 아프리카나 인도의 어린이들 혹은 처참할 정도로 가난하게 사는 사람들을 찍은 사진을 보면 가슴 아파합니다. 솔직히 말하면 나 역시 내가 누리는 생활수준이 불편하게 느껴질 때가 있습니다.

안락하고 안전한 집에서 살고 에어컨이 있는 차를 몰며 하루 세 끼를 먹는 사람들은 수많은 사람들이 가난과 절망 속에서 몸부림치며 살고

있다는 사실을 떠올리며 조금은 불편함을 느껴야
합니다. 그것을 못 느낀다면 뭔가가 절망적으로
잘못된 것이겠죠. 성서에 써 있는 것처럼 우리 형
제는 우리가 지켜야 하니까요.

상류생활을 누리거나 안락한 삶을 살고 있는
사람들은 자신들이 지니고 있는 것에 대해 신께
감사드려야 하며 받은 것을 날마다 책임있고 자
비롭게 관리하겠다고 신께 맹세해야 합니다. 즉,
우리는 '더불어 사는 자본주의자'가 되어야 하는
것입니다.

나는 나의 아이들과 손자들에게 존 웨슬리 목
사의 말을 자주 들려줍니다.

"능력만큼 최선을 다하라. 능력만큼 모든 것을
아껴라. 능력만큼 모든 것을 주어라."

자유로운 세계에서 살아가는 사람들은 선을
선택할 수도 있고 악을 선택할 수도 있습니다. 우

리에게는 선택권이 있는 것입니다! 우리는 위험
을 무릅쓰지 않고도 선택할 수 있는 자유를 누리
고 있습니다. 그 사실을 잊는다면 모든 것을 잃게
될 것입니다.

리치 디보스의 아버지는 열심히 일
하는 사람이었다. 그는 또한 미국을
진정으로 믿었고 미국이 좋아하는
게임을 즐겼다.

Lesson 9

FAITH
믿음

믿음이 없으면 우리는
닻도 없이 세상을 떠도는 미아가 된다.

– 리치 디보스 –

리치 디보스는 사람들 앞에서 훌륭한 강연을 함으
로써 수많은 사람들을 감동시켰다.

아홉 번째 교훈
믿음

<big>나</big>는 성공적이고 보람있는 인생을 위해
서는 희망, 인내심, 자신감, 낙천주의,
존경심, 책임감, 가족, 자유가 있어야 한다고 굳게
믿습니다. 그리고 신에 대한 깊은 믿음의 필요성
은 더욱더 굳게 믿습니다.

기독교도로서의 내 믿음은 삶의 기초이자 인
생에 있어서 가장 중요한 재산입니다. 그리고 인
생사의 모든 견지에서 볼 때, 순수한 성공은 흔들
리지 않는 믿음에 바탕을 두고 있다는 것을 믿습
니다.

신에 대한 믿음이 없다면 우주는 무의미한 곳이

며 인생은 방향을 잡지 못할 것이고 도의도 존재하
지 않을 것입니다. 또한 신에 대한 믿음이 없고 그
말씀을 모른다면 어느 누구도 정확한 인생지도를
가질 수 없을 것입니다.

믿음은 수동적이고 개인적인 것이 아닙니다.

믿음은 행동적입니다.

믿음은 사람들의 삶이고 자신을 표현하는 것
입니다.

더 나아가 믿음은 우리에게 어떠한 환경이든
최악의 상황도 이겨낼 수 있는 힘을 줍니다.

의사들이 나의 심장이 나빠지고 있다는 말을
했을 때, 나는 질병의 진행상황이 불투명하며 선
택의 여지도 별로 없다는 것을 알고 있었습니다.
그러한 상황에서 만약 믿음이 없었다면 지레 겁
을 먹고 포기했을지도 모릅니다. 하지만 힘을 주
는 믿음 덕분에 나는 낮은 생존율에 맞설 수 있

는 의지를 가질 수 있었습니다. 믿음이 나에게 희망을 주었던 것입니다.

사실, 강하고 통제가 불가능한 힘에 맞설 때의 불확실함은 아무리 상황이 최상이어도 두려움을 안겨줍니다. 또한 중대한 선택을 앞두고 있다면 분노와 혼란에 빠질 수도 있고 혹은 우리를 지탱해주고 힘을 주는 믿음을 향해 손을 뻗을 수도 있습니다. 결국 육체적·정신적으로 모두 살 수도 있고 죽을 수도 있는 것입니다.

물론 "신이 어디 있어? 정말 있다면 왜 나타나지 않는 거야?"라고 하면서 신

> 인생사의 모든 견지에서 볼 때, 순수한 성공은 흔들리지 않는 믿음에 바탕을 두고 있다.

의 존재를 의심할 수도 있습니다. 하지만 나는 여러분에게 궁극적인 '희망'을 나눠줄 수 있습니다. 인간은 죄로 인해 신에게서 멀어진 것일 뿐입니

다.

우리는 스스로 자신을 구원할 수 없습니다. 그러므로 우리는 신과 다시 가까워져야 합니다. 그리고 다시 신과 가까워질 수 있습니다. 자신이 죄인임을 인정하고 신께 자신을 받아들여 달라고 청하면 우리는 신과 가까워질 수 있는 것입니다.

필요한 것은 진실한 믿음과 소박한 기도뿐입니다.

믿음은 이치를 논하지 않습니다.

믿음은 우리가 무엇을 해야 할지 몰라 우왕좌왕할 때, 앞길을 알려줍니다.

믿음은 살아갈 때 혹은 죽음을 눈앞에 두고 있을 때에도 그 선택방법을 일러줍니다.

믿음은 불리한 상황에서도 기꺼이 위험을 무릅쓰게 해줍니다.

믿음은 우리에게 선사된 선물이며 우리가 선택하는 것입니다.

믿음은 불확실하고 힘든 상황에서도 우리가 앞날을 볼 수 있든 없든 시련의 목적이 있음을 믿는 것입니다.

히브리서에 이렇게 적혀 있습니다.

"믿음은 바라는 것들의 실상이요 보지 못하는 것들의 증거니…"

믿음은 우리의 삶에서 그리고 죽음에서 유일하게 확실한 존재이자 신의 사랑입니다.

믿음은 신이 주신 축복이지만 때로는 그 믿음을 실행하는데 어려움이 따르기도 합니다. 특히 주위에 사랑하는 사람이 없을 경우에는 신을 믿는 일이 어려울 것입니다. 내가 생각할 때, 가장 슬픈 사람은 혼자서 불확실함에 직면한 사람입니다.

그렇기 때문에 신은 우리가 서로 어울려 살아가도록 만들었습니다. 가족과 친구들 더 나아가 신을 믿는 사람들을 함께 살도록 했던 것입니다.

나의 믿음은 가족으로부터 시작하여 살아가며 사
귄 친구들에게로 그
범위가 넓어졌습니
다.

> 믿음은 이치를 논하지 않
> 는다. 믿음은 우리가 무엇
> 을 해야 할지 몰라 우왕좌
> 왕할 때, 앞길을 알려준다.
> 믿음은 살아갈 때 혹은 죽
> 음을 눈앞에 두고 있을 때
> 에도 그 선택방법을 일러
> 준다.

믿음은 가족을 결
합시켜 줍니다.

오랫동안 우리 가
족은 아주 가깝게 지
내왔습니다. 그렇다
고 우리에게 아무런 문제가 없었던 것은 아닙니
다. 우리 가족은 가끔 논쟁을 벌이곤 했습니다.
그들에게는 각자의 의견이 있고 개성과 힘이 있
으며 동시에 약한 면도 있습니다. 우리는 토론하
고 겁내지도 않으며 쉽게 자기 의견을 포기하지
도 않습니다.

하지만 어려움이 닥치면 우리는 하나가 됩니
다. 우리 가족에게는 가치의 순위를 적은 목록이

있는데, 가족에 대한 사랑은 앞쪽에 적혀 있습니다. 그렇지만 첫 번째 항목은 신에 대한 믿음입니다. 우리 가족이 화합할 수 있는 것은 서로를 사랑하는 것뿐만 아니라 생명보다 더 큰 신을 믿기 때문입니다. 믿음은 우리에게 먼 곳을 볼 수 있는 능력을 줍니다. 그리고 그러한 믿음 덕분에 우리 아이들은 모두 강인하고 지적인 사람으로 성장하였습니다.

사람들은 보통 재산이나 권력만 있으면 만사가 해결될 것이라고 생각합니다. 하지만 나는 무엇보다 중요한 것은 믿음이라고 생각합니다. 재산이나 권력이 모든 문제를 해결해줄 것이라는 생각은 환상에 지나지 않습니다.
실제로 재산을 얻게 되면 돈으로 해결할 수 있는 문제가 얼마나 적은지를 곧 깨닫게 됩니다!
돈으로 마음의 평화를 살 수는 없습니다.

깨어진 인간관계를 치료해주지도 못합니다.

외로운 사람에게 돈은 아무런 의미가 없습니다.

돈은 죄의식을 달래주지 못하고 상처받은 마음을 치료해주지도 못합니다.

진정한 재산은 신의 손에서 나옵니다. 그리고 진정한 행복은 신에 대한 믿음 속에서만 성장합니다.

하지만 재산이 믿음이나 정신에 반드시 장애요소로 작용하는 것만은 아닙니다. 신도 물질을 반대하지는 않습니다. 다만 그것을 즐길 뿐, 숭상하거나 우상시해서는 안 됩니다.

돈은 현명하게 써야 합니다. 즉, 노력의 대가로 받은 것을 이용하여 최선을 다해야 하는 것입니다. 절대로 돈은 부패의 도구로 이용되어서는 안 됩니다. 우리가 돈으로 얻은 권력을 남용하고 신이 그 재물을 주었다는 사실을 잊으면 자신도 모르는 사이에 오만해집니다. 즉, 자신을 독립적인 존재라고 생각하게 되는 것입니다. 하지만 우리는 독립적인 존재가 아닙니다. 우리가 가진 모든 것은 신이 주신 것입니다.

우리가 가진 것은 신의 것입니다. 다만 우리는 얼마동안 그것을 빌려 쓸 뿐입니다. 우리가 어떤 삶을 살든 또한 우리의 재정 상태가 어떠하든 관

리치 디보스는 스포츠의 영향력을 알고 있다. 그렇기 때문에 그는 미국 프로농구 올란도 매직팀이 끈기와 희망의 좋은 사례가 되기를 바라고 있다.

계없이 신은 우리의 은행계좌보다 마음의 상태에
더 큰 관심을 기울입니다. 만약 신이 물질적인 축
복을 내렸다면 그것은 그 사람의 안락함보다는
훨씬 더 위대한 이유가 있어서일 것입니다.

> 진정한 재산은 신의 손에
> 서 나온다. 진정한 행복은
> 신에 대한 믿음 속에서만
> 성장한다.

그러므로 재산을
가진 사람들은 더 높
은 목적을 수행할 책
임을 져야 합니다.
즉, 믿음 속에서 재
산을 사용하라는 신의 요구를 이행해야 하는 책
임에서 절대로 벗어날 수 없는 것입니다.

전세계적으로 미국인들은 '개인주의자'라고 불
립니다. 그것은 하나의 개성이라 할 수 있습니다.
영화 속의 존 웨인이나 클린트 이스트우드는 미
국인들의 영웅이었습니다. 작품 속에서 그들은 아
무 말 없이 말을 타고 마을에 나타나 악을 물리

치고 석양 속으로 홀로 떠나는 거친 남자의 모습을 보여줍니다. 그리고 그것은 사람들의 뇌리에 강력한 이미지로 자리하고 있습니다.

미국인들은 운명을 능가하는 강한 힘을 원합니다. 그리고 정부가 대신 선택해 주길 원하지 않고 다른 사람들이 자신의 인생에 끼어 드는 것도 싫어합니다. 미국인은 자신감과 자립심으로 똘똘 뭉친 사람들입니다. 강인한 개인주의는 미국을 세계 최강국으로 만드는 데 한 몫을 톡톡히 해냈습니다.

그러나 아무리 개인주의가 발달해 있어도 믿음의 문제로 돌아가면 우리는 한 사회의 구성원일 수밖에 없습니다. 믿음으로 뭉쳐 있는 영적인 삶에서는 아무도 혼자의 힘으로 살아갈 수 없습니다. 우리에겐 신이 필요하고 또한 서로 서로가 필요합니다.

많은 사람들이 교회를 찾는 이유는 하나님이

출석부를 갖고 있다고 믿기 때문입니다. 그러므로
그들에게 중요한 일은 일요일마다 천국의 명부에
자기 이름을 올리는 것입니다.

하지만 사실은 다릅니다. 교회에 가는 것은 도
덕적 의무가 아니라 옳은 일을 하는 습관이요 전
통입니다. 교회는 사람들과 더불어 믿음을 나누고
서로에게 힘을 주며 세상에 나아갈 힘을 얻는 곳
입니다!

또한 영적인 삶이란 전화부스 안에서 전용선
으로 하나님과 얘기를 하는 것이라고 생각하는
사람들이 있습니다. 그들은 조직화된 종교단체의
간섭을 싫어하고 다른 사람이 필요없다고 생각합
니다.

> 영적인 삶에서는 아무도 혼
> 자의 힘으로 살아갈 수 없
> 다. 우리에겐 신이 필요하고
> 또한 서로 서로가 필요하다.

그들은 이렇게 말
합니다.

"물론 나도 영적
인 사람입니다. 다만

교회가 싫을 뿐이죠."

　나는 그런 사람들에게 이렇게 말하고 싶습니다.

　"혼자서는 영적으로 성장할 수 없습니다."

　믿음이 없는 성공은 허무하고 만족스럽지 못
합니다. 신이 없다면 인생의 방향도 없으며 멋진
삶을 살 수도 없습니다.

　그리스도는 이렇게 말씀하셨습니다.

　"사람이 온 천하를 얻고도 제 목숨을 잃으면
무엇이 유익하리오."

Lesson

10

GRACE
신의 은총

신의 은총은 절망적인 상황에 처한
사람들에게 희망을 준다.

– 리치 디보스 –

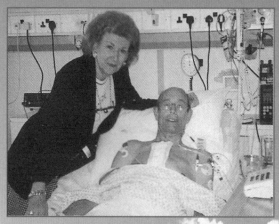

리치 디보스는 신의 은총 덕분에 심장이식 수술을 받고
살아났다. 사진은 그가 수술 직후 영국 런던의 헤어필드
병원에서 부인 헬렌과 함께 찍은 것이다.

열 번째 교훈
신의 은총

⚜

3년 전, 나는 심장이식 수술을 받았습니다. 수술실에 들어갈 때, 나는 더 없이 약하고 무기력한 느낌이었습니다. 왜냐하면 그것은 매우 위험한 수술이었고 생존가능성도 높지 않았기 때문입니다. 그리고 나는 죽음을 반기지는 않았지만 신을 만날 준비는 되어 있었습니다.

사람들은 흔히 어떻게 죽느냐 하는 것보다 어떻게 살아왔느냐 하는 것이 더 중요하다고 말합니다.

나는 삶을 충실하게 살았다고 생각했습니다. 스스로의 힘으로 대부분의 목표를 성취했고 많은

꿈이 현실로 나타나는 것을 직접 볼 수 있었기 때
문입니다. 신에 대한 강한 믿음도 있었고 멋진 여
성과 오랫동안 성공적인 결혼생활도 누렸습니다.
그리고 내 아이들과 손자들은 모두 건강하고 성공
하였습니다. 나 또한 심장질환을 앓기 전에는 육
체적으로도 활기차고 건강한 생활을 즐겼습니다.

결국 나는 분에 넘치는 신의 축복을 받았던 것
입니다.

토마티스 박사와 맥나마라 박사는 나의 맏아들
딕에게 심장이식 수술의 가능성을 이야기하면서
내가 처한 상황에 대해 조금도 숨기지 않았습니다.

현실적으로 심장이식 수술을 기다리는 환자는
많은데 심장을 기증하려는 사람은 절실하게 부족
합니다. 그리고 일단 기증자가 있어도 기증 지원
자의 나이와 혈액형, 조직, 생활방식, 현재 건강상
태 등을 세심하게 조사하여 자신에게 맞아야 이
식을 할 수 있습니다.

그런데 그 당시 나는 일흔 살이 다 되었고 흔한 혈액형도 아니었으며 건강상태도 나빴습니다.

어찌되었든 심장기증자를 찾는 작업이 진행되었고 그 사실을 아는 사람은 주치의 두 명과 맏아들 내외뿐이었습니다. 나 자신도 그러한 사실을 까맣게 모르고 있었습니다.

하지만 나의 진료기록을 보면 생존가능성은 매우 희박했습니다. 아마도 내가 살아난다는 것에 돈을 걸 도박꾼은 그리 많지 않았을 것입니다. 나는 혈관이식 수술을 두 차례나 받았고 심한 감염에 걸려 겨우 살아났으며 심장발작도 한 번 일으킨 적이 있는 AB 플러스 혈액형의 당뇨병

사람들은 흔히 어떻게 죽느냐 하는 것보다 어떻게 살았느냐 하는 것이 더 중요하다고 말한다. 나는 삶을 충실하게 살았다고 생각한다.

환자였던 것입니다.

심장 기증자를 찾는 일은 몇 달 동안이나 계속되었지만 결과는 그다지 좋지 않았습니다. 게다가 미국 내에서는 나를 받아주겠다는 의사나 병원도 없었습니다.

그러다가 마침내 한 가지 희망이 모습을 드러냈습니다. 영국 런던에 있는 헤어필드 병원의 흉부 외과의사이자 심장혈관 전문의인 마그디 야쿱 교수가 나를 환자로 받아들여 주었던 것입니다. 그는 이식수술의 권위자로 천 건의 이식수술을 집도했고 계속해서 새롭고 독특한 환자를 찾고 있었습니다.

야쿱이라는 뛰어난 의사가 있다는 것을 알게 된 후, 운이 좋았던지 맏아들 딕이 스코틀랜드로 출장을 가게 되었습니다. 그리하여 딕은 가족들에게 아무 말도 하지 않고 스코틀랜드 출장을 마치고 곧장 런던으로 달려갔습니다. 그리고 딕은 나의 진료기록과 검사결과를 가지고 야쿱 교수를 만났습니다. 물론 미국에서와 마찬가지로 나의 신상에 대해서는 아무 말도 하지 않았습니다.

그리고 야쿱은 그 자리에서 심장이식

> 만약 나의 혈액형이 흔한 것이었다면 이식수술 후보자로 고려할 여지도 없었을 것이라는 말도 했다고 한다.

에 대해 승낙하지는 않았지만, 나의 진료경과 기록을 보고 싶다고 말했습니다. 그리고 내가 흔치 않은 혈액형을 가진 것이 행운이라는 말도 했습니다. 때때로 특별한 혈액형을 가진 환자의 심장이 병원에 들어와도 이식받을 환자가 없는 경우도 있기 때문입니다. 만약 나의 혈액형이 흔한 것이었다면 이식수술 후보자로 고려할 여지도 없었을 것이라는 말도 했다고 합니다.

야쿱 교수를 만난 딕은 만약 그가 나를 만날

수 있다면 긍정적인 반응을 얻게 될 것이라 믿고
있었습니다. 그리하여 딕은 한 번 만나줄 것을 요
청하였고 그 교수도 동의했습니다.

　그리고 나서 딕 내외는 2년 동안이나 심장기
증자를 찾아왔다는 말을 나에게 들려주었습니다.
나 역시 심장이식 수술이 유일한 대안이라는 생
각을 안 한 것은 아니지만, 그다지 심각하게 생각
하지는 않았습니다. 그런데 의사와 가족들이 그
가능성을 제시해주었던 것입니다.

　1997년 1월, 두 아들 댄 그리고 더그와 함께
헬렌과 나는 나흘 동안 필요한 검사를 받기로 예
정되어 있는 런던으로 날아갔습니다.

　그리고 첫째 날이 반쯤 지났을 때 야쿱 교수
가 우리 부부에게만 특별히 할 얘기가 있으니 진
료실로 와달라고 했습니다. 그는 나의 진료기록을
살펴보았고 건강상태도 확인했지만 그걸로는 충

분하지 않다고 생각했던 것입니다. 그가 걱정하는
것은 의학적인 면이 아니었습니다. 그는 나에게
살고자 하는 의지가 있는지를 알고 싶어했습니다.

"심장이식은 단순히 의학적인 수술이 아니라
성격과 의지에 대한 시험입니다. 살아남으려면 마
음을 굳게 먹고 살기 위해 투쟁해야 합니다."

20분 정도 그의 이야기를 듣고 또한 이야기를
나눈 후, 나는 이렇게 말했습니다.

"저는 해낼 자신이 있습니다."

그러자 그는 잠시동안 잠자코 있더니 이렇게
말했습니다.

"좋습니다. 선생님을 맡겠습니다."

나를 심장이식 수술 후보환자로 기꺼이 받아
들여준 외과의사와의 만남은 나의 주치의들에게
도 놀라운 성과였습니다. 하지만 심장이식은 그
결과를 낙관할 수 없는 힘든 수술이었습니다.

그리고 적당한 심장을 찾아야 하는 중요한 일

이 남아 있었습니다. 심장은 기증자도 많지 않고 또한 기증자 중에서도 혈액형과 조직이 일치하는 사람을 찾는 것은 매우 어려운 일입니다. 설상가상으로 검사결과 나의 심압이 높아지고 있다는 사실이 밝혀졌습니다.

심장이 만성부종(폐와 다른 조직에 혈장이 쌓이는 증상)을 앓으면서 그를 보완하기 위해 우심실이 커져버렸던 것입니다. 결국 다행스럽게 기증자가 있어도 다른 조건

> 심장이식은 단순히 의학적인 수술이 아니라 성격과 의지에 대한 시험이다. 살아남으려면 마음을 굳게 먹고 살기 위해 투쟁해야 한다.

이 다 일치해야 할뿐만 아니라 기증자의 심장도 우심실이 커야 한다는 조건이 첨가되고 말았습니다. 안 그래도 힘든 상황이 더욱더 어려워지게 된 것입니다. 게다가 내가 미국시민이었기 때문에 영국에 있는 미국인의 심장만 사용할 수 있었습니

다.

병원에 머물 수 있는 시간은 한 시간 정도였기 때문에 헬렌과 나는 런던의 한 호텔에 투숙하여 적당한 심장이 나타나기를 기다려야 했습니다. 딕, 댄, 체리 그리고 더그와 그들의 가족은 번갈아 가며 우리를 찾아왔습니다. 그리고 나는 하루 24시간 동안 호출기를 몸에 지니거나 곁에 두고 있어야 했습니다. 아무도 언제 적합한 심장을 찾을 수 있을지 알 수 없었고 설령 찾는다 해도 성공확률이 희박한 힘겨운 시간이었습니다.

또한 기증자의 심장은 외부에 나와 있는 시간이 길수록 상태가 더 나빠집니다. 즉, 심장이 사람의 몸밖으로 나와 있을 수 있는 시간은 네 시간뿐입니다. 그렇기 때문에 우리는 늘 만반의 준비를 갖추고 기다리는 수밖에 없었습니다. 그러는 동안에도 나의 건강은 점점 더 나빠졌습니다. 날이 갈수록 쇠약해졌던 것입니다.

그렇게 가슴 졸이며 기다린 지 다섯 달이 넘
은 어느 날, 병원에서 전화가 왔습니다. 심장을
찾기는 했는데 그 상황이 매우 특별하다는 것이
었습니다.

그 병원에는 폐이식이 필요한 서른 아홉 살의
여자 환자가 있었습니다. 그런 경우 의사들은 새
로운 심장과 폐를 한꺼번에 이식하는 편을 선호
합니다. 폐가 원래의 심장과 함께 있으면 더 효율
적으로 작동하고 또한 수술 자체도 덜 복잡하기
때문이죠. 병원 측은 그 여자 환자를 위해 교통사
고로 사망한 젊은이의 심장과 폐를 기증 받았습니
다. 그리하여 여자 환자의 건강한 심장은 다른 사
람에게 소중하게 쓰일 수 있게 되었던 것입니다.

야쿱 교수는 수술팀이 그 여자 환자의 심장을
적출해 봐야 확실히 알게 되겠지만 그 심장이 나
에게 적합할 것이라고 말했습니다. 그리고 그 여
자 환자와 나를 이어준 기적은 그녀가 폐질환을

앓고 있었기 때문에 우심실이 정상보다 컸다는 사실입니다. 손상된 폐를 보완하기 위해 심장이 보통보다 커져 있었던 것이죠.

그렇게 비정상적으로 큰 심장은 다른 사람에게는 부적합하지만 나에게는 적합했던 것입니다. 그처럼 세세한 부분까지도 신의 은총이 미쳤던 것입니다.

나는 무척 흥분이 되기도 했지만 한 편으로는 걱정도 되었습니다. 처음으로 심장수술을 받는 환자의 사망률은 1%입니다. 심장수술이 대수술이기는 하지만 환자가 살아날 확률이 99%에 이르는 것입니다. 하지만 두 번째, 세 번째가 되면 확률은 50대 50으로 뚝 떨어집니다. 그리고 의료 사례를 고려해 볼 때, 내가 살아날 확률은 50%보다 낮았습니다.

나는 수술 시간까지 피곤하면서도 흥분되고 두려우면서도 기대에 부풀어 있었습니다. 헤어필드

병원은 이미 익숙한 곳이 되어 있었지만 수술실로
실려 들어갈 때에는 전혀 다른 느낌이었습니다.

눈에 보이는 것은 천장에 매달려 있는 전등의
강한 불빛뿐이었고, 내 가슴속에서 죽어가고 있는
심장을 적출할 수술실로 들어가고 있다는 사실을
알게 되자 몸무게조차 느껴지지 않았습니다.

수술이 성공하면 나는 낡은 자동차가 새 카브
레타를 단 것처럼 새로운 인생을 살 수 있을 것입
니다. 하지만 실패하면 천국으로 가게 되겠지요.

나는 살아났습니다. 그러나 쉽지는 않았습니

다. 내가 상상했던 것보다 훨
씬 더 힘들었습니다. 심장이
식 수술 그 자체도 고통스러
웠지만, 수술 후에는 더욱더
힘들었습니다. 약 때문에 악
몽을 꾸고 의식이 반밖에 없

는 환각상태에 놓여 있어야 했으며 감염될 염려와 몸이 새 심장을 거부하면 어떻게 하나 하는 두려움은 엄청난 고통이었습니다.

그렇게 살아나긴 했지만 나는 전혀 행복하지 않았습니다. 자신감도 잃었습니다. 낙관적인 생각도 유머감각도 잃어버렸습니다. 그러나 속도는 느렸지만 나는 회복되고 있었습니다.

그러던 어느 날, 아픈 몸을 다시 움직여보려고 병원 복도를 천천히 걸어가다가 여자 환자 한 명을 만났습니다.

"새 심장을 이식받으셨죠?"

그녀가 물었습니다. 아마도 둘 다 심장이식 병동에 있었기 때문에 그런 일을 쉽게 추측할 수 있었을 것입니다.

"네." "언제 하셨어요? 정확하게 며칠 몇 시에 받으셨어요?"

그녀가 다시 물었습니다. 나는 사실대로 말했

습니다. 그러자 그녀는 잠시동안 가만히 있다가
웃으면서 말했습니다.

"제 심장을 이식받으셨군요!"

정말 기적같은 일이었습니다! 얼마 전에 심장
이식 수술을 받았는데 바로 그 기증자와 이야기
를 하게 되었던 것입니다. 그녀 역시 살아났고 자
신의 기적같은 수술에서 회복 중이었습니다.

우리는 둘 다 살아났던 것입니다!

누가 둘 다 살아나리라고 상상이나 할 수 있
었겠습니까!

수술을 받고 3주 후에 나는 퇴원을 했습니다.

영적인 눈이 멀지 않은 사람이라면 누구나 그
러한 상황에서 신의 손길을 느낄 수 있을 것입니
다. 그런데 내 가슴속에는 한 가지 의문이 남아
있습니다.

'왜 나였을까?'

날마다 수많은 사람들이 장기 기증을 기다리

다 죽어갑니다. 그리고 내가 아니었다면 그 여자
환자의 심장은 쓸모없이 폐기되었을 것입니다. 다
른 환자는 커져버린 그녀의 심장을 이식받을 수
없었을 테니까요. 그래도 여전히 죄의식은 사라지
지 않습니다.

나는 살아났습니다. 다른 사람들은 고통과 불확
실한 미래 때문에 고통받고 있는데 나는 새 심장
과 새로운 인생을 선물받고 병원을 나왔습니다. 그
기적에 대한 설명은 하나뿐입니다. 그것은 바로 신
의 은총이었습니다.

신의 은총은 절망적인 상황에 처한 사람들에
게 희망을 줍니다.

"제 심장을 이식받으셨군
요!" 정말 기적같은 일이었
다! 얼마 전에 심장이식 수
술을 받았는데 바로 그 기
증자와 얘기를 하게 됐던
것이다.

EPILOGUE

에필로그

실패에 대한 두려움은
성공의 가능성을 막습니다.
패배에 대한 두려움은
승리의 기회를 앗아갑니다.
다른 사람의 생각에 대한 두려움은
용감한 시도를 가로막습니다.
비웃음에 대한 두려움은 신을 믿노라 주장하는
일을 저지합니다.
무엇보다 두려움은 희망을 앗아갑니다.

– 리치 디보스 –

심장이식 수술을 받고 돌아온 리치 디보스가 미시건주 그랜드 래피즈에서 있었던 귀환파티에서 가족들과 친구들 그리고 마을 사람들과 함께 즐거운 시간을 보내고 있다.

에필로그

비록 심장이식 수술을 받고 병원에서 퇴원했지만 아직 몸이 완전한 상태는 아니었습니다. 내 몸이 언제라도 새로운 심장을 거부할 수 있으니까요.

처음에는 날마다 그 생각을 했습니다. 몸이 심장을 거부할지도 모른다는 두려움에 사로잡혀 있었던 것입니다. 그런데 거부증상 없이 몇 주일이 흐르자 나는 안도하기 시작했습니다.

수술 후, 석 달이 지나자 의사들은 내 몸이 새로운 심장을 받아들였을 가능성이 높다고 했습니다. 그러는 동안 내 손자 중의 한 녀석이 이렇게 기도를 올리더군요.

"하나님, 할아버지의 다른 장기들이 새 심장을 받아들이게 도와주세요."

그리고 하나님께서는 손자 녀석과 다른 수많은 사람들의 기도에 응답해 주셨습니다. 새 심장을 이식받은 지 3년이 지난 지금까지도 내 심장은 아직 튼튼하게 활동하고 있으니까요.

심장이식 수술을 겪으면서 배웠던 가장 큰 교훈 중의 하나는 거부증상에 대한 두려움과 관련된 것이었습니다. 그리고 나는 살아가다가 언제라도 거부증상이 일어날 수 있다는 사실을 자주 생각합니다. 나는 날마다 거부증상을 방지하는 약을 먹습니다. 그리고 사람들이 두려움 때문에 얼마나 많은 일을 하지 못하는지를 생각합니다.

실패에 대한 두려움은 성공의 가능성을 막습니다.

패배에 대한 두려움은 승리의 기회를 앗아갑

니다.

다른 사람의 생각에 대한 두려움은 용감한 시도를 가로막습니다.

비웃음에 대한 두려움은 신을 믿노라 주장하는 일을 저지합니다.

무엇보다 두려움은 희망을 앗아갑니다.

내가 지금도 건재할 수 있는 것은 두려움이 없었기 때문입니다. 나는 지금도 신이 나를 이 세상에 보내신 데는 그만한 목적과 계획이 있다는 것을 믿습니다. 그것은 바로 이 세상을 살아가면서 더 많은 것을 이루고 또한 다른 사람과 믿음을 나누라는 것입니다. 그리고 내가 이 책을 쓴 이유 중의 하나도 그것입니다.

나는 내가 겪었던 경험과 살아오면서 배운 교훈을 나눔으로써 여러분에게 희망을 주고 싶습니다. 나의 희망과 인생을 여러분과 함께 나누고 싶습니다. 그리고 내가 아는 가장 좋은 두려움 방지

약도 여러분께 주고 싶습니다. 그것은 바로 신에
대한 믿음입니다.

EASTERN HEMISPHE
LAID UNDER CONTR
EUROPE
ASIA
AFRICA
INDIAN
OCEAN
RUSSIA
SIBERIA
YAKUTSK
TOBOLSK
TARTARY
THIBET
CHINA
PERSIA
ARABIA
INDIA
AVA
SIAM
PHILIPPI
ISLE
BORNEO
SUMATRA
CEYLON
NORWAY
DENMARK
PORTUGAL
SPAIN
FRANCE
ITALY
TURKEY
MOROCCO
ALGIERS
SAARA
TRIPOLI
EGYPT
NUBIA
ABYSSINIA
ADEL
NEGROLAND
UPPER GUINEA
BENIN
LOANGO
ANGOLA
BENGUELA
ZANGUEBAR
MADAGASCAR
CAFFRARIA
AUST
Gold
Palm Oil
Ivory
Dates
Coffee
Grain
Amber
Maize
Rice
Silk
Cotton
Tea
Silks
Porcelain